【증보판】

법조인이 본

반야심경

- 현대물리학의 시각과 함께 -

학산 이상규 지음

증보판에 붙여

초판을 내고 벌써 7년 남짓한 세월이 훌쩍 지나갔다. 그 사이 이 책을 볼 때마다 설명이 미진하거나 너무 경직된 듯함을 느낀 일이 한두 차례가 아니다. 그 뿐만 아니라, 근년에 들어 현상을 보는 현대물리학계의 시각(視覺)에도 적지 않은 변화를 엿볼 수 있게 된 것이 사실이다. 이러한 점들을 반영하는 증보판을 내기로 마음먹고도 이런 저런 사정으로 미루어진 것이 이제야 매듭을 짓게 되었다.

반야심경 하면 뭐니 뭐니 해도 '공'(空)이 중심개념이고, 또 일반적으로 가장 난해(難解)한 부분도 바로 그 '공'으로 보는 것이 보통이다. 그래서 그 '공'을 보다 이해하기 쉽도록 보완함에 힘썼다. 한편, '공'의 상태에서의 여러 현상과 불교의 존재인식론 및 연기법 등을 불(不)과 무(無)로 깔끔하게 다루어낸 부분을 약간 손질하고, 반야바라밀을 성취함에 있어서 근본적인 의지처인 삼보(三寶)를 불성(佛性)과의 관계에서 정리하면서 불성부분을 보완하였다.

반야심경을 찬술하게 된 독특한 사연 때문이기도 하겠지만, 반야심경의 내용을 보노라면 그 경이 함축하고 있는 교리(敎理)의 다의성(多義性)에 경탄(敬歎)하지 않을 수 없다. 그 방대한 초기경(初期經)과 반야부경(般若部經)은 그렇다 치고, 뒤의 화엄경이라든가 열반경에서 설시된 내용까지를 엿볼 수 있기 때문이다. 그러한 부분은 관련되는 경을 들어 설명을 보충하였다.

반야심경의 인연공덕(因緣功德)으로 불법에 발을 디디게 된 저자로서는 유마경(維摩經)에서 언급한 "살아 부르짖는 사자 소리"를 그려보려 한 것이나, 소리를 옮기려 한 소망 자체가 헛된 일임을 이제야 실감(實感)하게 되었지만, 그런대로 메아리 소리라도 전하는 것이 되었으면 하는 것이 범상한 사람으로서의 욕심인 것을 어찌할 것인가! 하기야, 메아리일망정 본래 소리의 울림일 뿐만 아니라, 소리는 순간 사라지지만 메아리는 긴 울림이 있는 것이니, 그것이나마 되살려 잘만 옮긴다면 헛된 일은 아니지 않을 것 같다. 아무튼, 행여 잘못됨이 있다면 독자 여러분의 가차(假借)없는 질책(叱責)을 바랄 뿐이다.

끝으로, 111년 만에 겪는다는 폭염에도 아랑곳하지 않고 틈을 내어 원고를 읽고 참고의견을 준 딸 은영(普德華)에게 감사하면서, 불심이 유난히 돈독한 출판사 해조음의 이주현사장께서 이번에도 흔쾌히 이 책의 출판을 맡아 직접 편집과 교정을 챙겨준 데 대하여 깊이 감사드리지 않을 수 없다. 아울러, 더위를 무릅쓰고 이 책의 출판을 위하여 노력하신 해조음의 여러분에게 이 기회를 빌어 고마움을 표한다.

〈나모 샤캬무니불〉

2018. 입추

丹心齋에서 鶴山 합장

머리말

반야심경은 우리나라에서 가장 널리 알려지고, 불자(佛子)인 여부에 관계없이 폭넓게 독송 되는 경전이다. 한역경으로 260자에 지나지 않는 아주 짧은 경이지만, 그 안에 불교의 근본 이치가 모두 담겨 있을 뿐만 아니라, 경 그 자체가 매우 신묘한 만트라적인 의미를 갖는 독특한 경이다.

반야심경은 경의 길이가 아주 짧기 때문에 초심자(初心者)들이 비교적 쉽게 접근할 수 있고, 또 큰 부담 없이 독송하는 경향이 많다. 반대로, 어느 정도 불교 공부를 했다는 사람의 입장에서는 오히려 반야심경의 내용을 이해하기가 퍽 어렵다는 소리가 들린다. 어찌 된 일일까? 반야심경은 방대한 분량의 반야부경(般若部經)을 극도로 압축하여 반야경의 진수(眞髓)만을 담은 경이기 때문에, 그것이 이해하기에 쉽지 않을 것은 오히려 당연한 일이라고 할 수 있다. 반야부경의 핵심이라고 할 수 있는 '공'(空)의 이치를 바탕으로 불교의 존재인식법과 연기법 그리고 사성제 등을 모두 끌어내서 '공'의 차원에서 비추어 본 것이니 어려워할 만도 한 일이다.

20세기의 석학으로 알려진 토인비(A. J. Toynbee)는 "20세기의 기적을 말하라고 한다면 나는 서슴없이 '서양 사회에 불교가 정착하기 시작했다'는 것이라고 말할 것이다."라고 했지만, 오늘날 서구사회(西歐社會)에서, 특히 서구 식자층(識者層)에서 불교에 대한 관심은 우리의 짐작을 초월할 정도이다. 그들이 특히 관심을 가지고 열독(熱讀)하는 경이 바로 그들이 심경(the Heart-sutra)이라고 부르는 반야심경이다. 그들은 반야심경을 철학적, 양자물리학적 관점에서 깊이 있게 연구하면서, 내용에 대하여 경탄을 감추지 못하는 사람이 많다. 지금이야말로, 반야부경의 압축본이라고 할 수 있는 반야심경을 바로 이해하고 체득하도록 힘써야 할 때라고 하겠다. 그것만이 물질만능주의에 찌들어 병든 현실사회를 조금이라도 정상화하고, 일부에서 말법 시대라고 개탄하는 불교를 제자리에 올려놓는 계기가 될 수 있겠다.

불교의 철학적 이론과 종교적 실천체계를 망라한 매우 신묘한 경전인 반야심경에 대한 해설서를 펴낸다는 것이 저자로서는 힘에 부치는 일인 줄을 모르는바 아니지만, 저자 자신이 반야심경에 대한 좀 더 체계 있는 연구를 거듭함으로써 그 연구의 성과를 독자들에게 회향(廻向)하려는 것이다. 어려서부터 반야심경과의 각별한 인연을 느껴온 저자로서는 반야심경에 대한 남다른 관심을 갖고 살아오는 동안에 나름대로 쌓은 자료들을 정리하고 체계화하는 한편, 내용설명에 있어서는 독자의 이해를 도울 수 있도록 가급적 평이한 표현을 쓰면서, 우리의 실생활과 접목될 수 있도록 노력하였다. 그리고 독자의 궁금함을 줄이기 위해서 광본(廣本) 반야바라밀다심경을 원용하여 필요한 부분에 대한 설명을 부연하였다. 한 가지 덧붙일 것은 저자가 약 2년 동안에 걸쳐 법보신문에 칼럼을 쓰고 있을 때, 독자 가운데 의견을 보내주신 분 중 반야심경에 관한 궁금증을 피력한 분들이 계셨던 것도 이 책의 집필을 부추긴 동기의 하나가 되었다. 이 글에 행여 잘못된 점이 있다면 독자 여러분의 가차(假借)없는 꾸지람을 바랄 뿐이다.

끝으로, 바쁜 틈을 내서 원고를 읽고 참고될 의견을 준 딸 은영(普德華)에게 고맙게 생각하며, 항상 돈독한 신심으로 좋은 불서출판에 애쓰고 있는 도서출판 해조음의 이주현 사장께서 언제나와 마찬가지로 이 책의 출판을 흔쾌히 맡아 편집에서 색인에 이르기까지 힘을 쏟아준 데 대해서 감사드린다.

〈나모 샤캬무니불〉

2010. 歲暮

학 산 합장

일러두기

1. 현장법사(玄奘法師)의 한역 반야바라밀다심경을 저본으로 하였다.

2. 필요한 곳에는 반야(般若)와 이언(利言) 공역의 광본 반야바라밀다심경을 원용하여 설명을 부가하였고, 부록에 그 경문을 실었다.

3. 설명은 이해를 돕는 의미에서 될 수 있는 대로 평이한 일상용어를 쓰도록 힘썼다.

4. 본문 중에 인용한 초기경은 저자가 편역한 "전해오는 부처의 가르침"의 아함경본에 의했다.

5. 독자의 혼동을 피하기 위해서 필요한 부분에는 한자를 병기하되, 한자문(漢字文)을 풀어 쓴 곳에는 한자문을 대괄호[ ]로 묶어 넣었고, 일반적인 한자의 병기는 소괄호( ) 속에 묶어 넣었다.

6. 진언(眞言) 부분은 진언의 성격에 비추어 한자음(漢字音)이 아닌 산스크리트 원음에 가깝도록 표기했다.

7. 각주의 쪽 표시에 있어 외국서적의 경우는 p. 또는 pp.로, 국내서적이나 한글표기의 경우는 '쪽'으로 했다.

차례

부록

제 1 부

반야경의 윤곽

1 반야경이란?

흔히 말하는 반야경(般若經)이란 반야바라밀다경(般若波羅蜜多經)을 말하는 것으로 특정한 어느 하나의 경전을 가리키는 것이 아니라, 반야부 경전을 통틀어 말하는 것이다. 한 마디로 반야부 경전이라고 하더라도 그것은 600권에 달하는 방대한 경전군(經典群)을 가리킨다.

반야경은 반야부에 속하는 여러 경전의 집대성(集大成)이기 때문에, 그 내용을 한 마디로 설명하기는 어렵다. 그래서 학자들은 반야경 가운데 특히 중요한 것으로 십반야(十般若)를 드는 것이 보통이다. 곧, 소품반야, 대품반야, 인왕반야, 금강반야, 문수반야, 이취반야, 유수반야 등이 그 예이다. 그러므로 반야경은 우선 가지 수가 많고, 양적으로도 방대하여 그 전체를 섭렵한다는 것은 여간 어려운 일이 아니다.

반야부경의 명칭에 일반적으로 들어 있는 반야파라밀다(般若波羅蜜多)란 범어인 프라즈냐-파라미타(prajna-paramita)를 그 음에 따라 한역한 것이다. 반야(般若)는 대승불교의 기본적인 실천덕목인 육바라밀(六波羅蜜), 곧 보시바라밀(布施波羅蜜), 지계바라밀(持戒波羅蜜), 인욕바라밀(忍辱波羅蜜), 정진바라밀(精進波羅蜜), 선정바라밀(禪定波羅蜜) 및 반야바라밀(般若波羅蜜)을 실천하여 완성함으로써 얻을 수 있는 구경의 지혜를 가리킨다고 할 수 있다. 그런데, 육바라밀 가운데 마지막의 반야바라밀은 그것만으로 다른 것과는 구별되는 별개의 덕목이 아니라, 그것 속에 전체가 포괄되는 바라밀로서, 반야바라밀의 투철한 실천은 곧 나머지 다섯 바라밀의 실천에 연결된다는 것을 팔천송반야바라밀다경(八千頌般若波羅密多經: 앞으로 약해서 '팔천송반야경'이라고 함)[1]은 분명히 밝히고 있다. 결국, 반야경은 반야바라밀의 이상을 실현하기 위한 사상과 실천방법을 큰 줄거리로 한 경전군(經典群)이고, 그러한 뜻에서 통상 '반야파라밀다' 경이라는 이름으로 통하는 것이라고 하겠다.

반야경의 성립은 대승불교의 정착과 궤를 같이 한다. 기원전 1세기경에 대승불교가 어느 정도 자리를 잡게 되자, 대승운동을 주도한 사람들이 곧 착수한 것이 바로 대승경전의 찬술 작업이었고, 그처럼 찬술된 대승경전의 대표적인 것이 반야경, 특히 위에서 언급한 팔천송반야경, 곧 소품반야경이라고 할 수 있다. 그러므로 반야경은 대승경전 가운데 초기의 것에 해당하고, 그 때문에 반야경을 원시대승경전이라고 부르는 사람도 있다. 반야경은 대승경전이라고는 하더라도 아직

---

1 小品般若經의 별칭이다.

법화경의 서품(序品)이나 화엄경의 세주묘엄품(世主妙嚴品)을 통해서 볼 수 있는 바와 같은 종교성이 두드러지게 나타나지 않는 경전으로, 초기경전과 후기대승경전의 가교적인 입장에 있는 것이라고 해도 무방할 것이다. 그렇기 때문에, 반야경에서는 후기대승경전에서 볼 수 있는 바와 같은 종교적 색채는 물론, 법신(法身), 보신(報身) 및 응신(應身)의 삼신(三身)관념이나 무착(無着: Asanga)과 세친(世親: Vasubandu)에 의해서 확립된 유식사상(唯識思想)이 뚜렷이 나타나 있지 않음을 볼 수 있다. 아무튼, 대승경전의 효시라고 해도 과언이 아닐 반야경이 그처럼 방대한 분량으로 출발했다는 것은 놀라운 일이 아닐 수 없다.

2 반야경의 종류

대승경전 가운데 가장 일찍이 찬술된 경전이 반야경이라고 했지만, 그 방대한 반야부경전의 모두가 한 시기에 찬술된 것은 아니고, 따라서 반야경 가운데에도 비교적 뒤진 경전이 없는 것은 아니다. 반야경이라고 하면 600권에 이르는 대경전군(經典群)을 가리키는 것이 보통인데, 그 가운데 주류를 이루는 것을 가리켜 십본반야(十本般若) 또는 십반야라고 부르는 것이 보통이다. 물론, 반야경의 분류는 사람에 따라 다르지만, 일반적으로 십반야를 이루는 것으로 드는 것을 보면 1) 소품반야(小品般若), 2) 대품반야(大品般若), 3) 인왕반야(仁王般若), 4) 금강반야(金剛般若), 5) 유수반야(濡首般若), 6) 문수반야(文殊般若), 7) 승천왕반야(勝天王般若), 8) 대반야(大般若), 9) 이취반야(理趣般若) 및 10) 반야심경(般若心經)이라고 할 수 있다. 이들 가운데, 인왕반야와 반야심경을 제외하면 모두 대반야의 부분에 속한다.

여기에 특기할 것은 이들 방대한 반야경전의 대부분에 대한 범어 원전이 전승되고 있다는 사실이다. 그러므로 한역본 600권과 전해오는 범어 원전 약 520권분을 합친다면 엄청난 양의 경전군(經典群)이라 할 수 있다, 거기에 반야경은 티베트에서 특히 존숭되는 경전이므로 방대한 양의 티베트어 역본이 있기 때문에 반야부경전에 대한 전체적인 연구는 쉽게 엄두를 내기 어려울 정도의 규모임을 알 수 있다.

반야경의 원시적 형태로 들리는 것은 기원 전후에서 1세기 중엽 경까지에 성립된 것으로 보이는 소품반야경(小品般若經)이라고 할 수 있다. 이것이 뒤에 찬술되는 경에서 점차로 부피가 더해진 것으로 짐작된다. 위에서 설명한 바와 같이 방대한 내용의 반야경을 종류별로 모두 소개하기는 어려운 일이므로, 여기에서는 가장 일찍이 한역된 것으로 알려진 소품반야 경에 관해서만 약술하기로 한다.

가장 먼저 한역된 도행반야경(道行般若經)[2]을 비롯하여 소품 반야경은 불경의 한역에 공이 큰 구마라지바(鳩摩羅什: Kumarajiva)가 5세기 초에 한역한 것인데,[3] 이 경은 부처님께 서 수행자들과 함께 라지기르(Rajgir)의 영취산에 머물고 계실 때에 설하신 것으로, 경에는 수행자들의 대표 격으로 사리불 과 수보리 존자가 등장한다. 이 경은 지혜의 완성[般若波羅蜜]에 관해서 설한 것으로, 모든 사상(事象)은 사람의 사려분별(思慮分 別)을 넘어서 있는 것이고, 오직 이름이 존재하고 있을 뿐, 본 래는 청정한 것이라는 것이다. 모든 것을 이루고 있는 요소, 곧 오온(五蘊)은 모양도 없고, 한정(限定)도 없으며 자성(自性)도 없어 허공이나 큰 바다와 같은 것인바, 지혜의 완성이라는 것 도 바로 그와 같은 것이라고 한다. 걸릴 것 없는 훤칠한 경계 야말로 공(空)의 세계인데, 그 세계에 들면 참으로 자유롭고 즐거운 경지 바로 그것이라는 것이다. 반야경이 일체를 부정 하고 집착이 없는 세계를 강조하는 것은 실로 그러한 경지를

---

2 179년에 후한(後漢)의 지루가참(支婁迦讖)에 의한 것으로 알려지고 있다.
3 네팔(Nepal)불교에서는 팔천송반야경을 특별히 중시하고 있다.

얻게 하려는 것이라고 할 수 있다. 그래서 많은 문자와 글을 써서 집요하게 설명을 이어나간 것이라고 하겠다. 그러한 집요한 설명을 통해서 거꾸로 집착 없는 세계를 분명히 보이려는 노력이 이루어졌음을 알아야 할 것이다. 대품반야경(大品般若經)은 부피에 차이는 있지만, 소품반야경과 구조면에서 크게 다르지 않다.

3 반야심경의 성립

반야심경은 불과 260자로 구성되어 있어, 반야경은 물론 전체 불경 가운데에서도 가장 간명(簡明)한 경전이라고 할 수 있다. 조계종의 소의경전(所依經典)이기도 하지만, 그 간명함으로 인하여 한국, 중국, 일본 및 티베트에서 가장 널리 독송되는 경전일 뿐만 아니라, 서구(西歐)에서조차 심경(the Heart-sutra)이라고 하여 널리 읽히고 있는 경이며, 불교 신자가 아닌 사람이라도 반야심경에 깊은 관심을 갖는 사람이 적지 않다.

반야심경은 본래의 반야부 경전에 포함되어 있는 경전은 아닌 것으로 알려져 있다. 앞에서 설명한 바와 같이 방대한 반야부 경전이 만들어져 나오자, 일반 신도들은 말할 것도 없고,

대승불교운동을 주도해 온 사람들조차 그 경전을 감당하기가 여간 버거운 일이 아니었다. 워낙 분량이 많다 보니 독송이 불편함은 물론, 경의 내용을 이해하기도 쉽지 않은 것이다. 그래서 방대한 반야경을 과감하게 대폭 축소하고 요약하여 만든 것이 곧 반야심경이다. 그러므로 반야경은 가장 방대한 경전이면서도 가장 간명한 경전을 함께 가지게 된 것이다.

반야심경은 내용상으로 반야경 전체를 관통하는 것일 뿐만 아니라, 불교의 기본철학을 고스란히 담고 있는 매우 소중한 경전이다. 반야심경을 제대로 알면 경전을 알고, 경전을 알면 불교를 안다는 말이 있으리만큼 반야심경은 불교의 진수(眞髓)를 담고 있는 경전이다.

4 반야심경의 종류

반야심경을 보는 분들 가운데에는 일반적인 경전의 경우와는 달리, 반야심경에는 "이와 같이 나는 들었다."[如是我聞]로 시작되는 서분(序分)과 "믿고 수지하며 받들어 행한다."[信受奉行]로 끝나는 유통분(流通分)이 없는 점에 대해서 의문을 제기하는 예가 적지 않다. 불경은 초기경전이나 대승경전 할 것 없이 모두 서분, 정종분(正宗分)과 유통분으로 짜여 있는 것이 원칙이다. 그런데, 우리나라에서 일반적으로 독송 되는 반야심경에는 서분과 유통분이 없이 바로 본론인 정종분으로 전개되기 때문에 생기는 의문이다.

반야심경은 원래 범어로 쓰인 것인데, 크게 나누어 볼 때, 광본(廣本)과 약본(略本)이 있다. 이들 반야심경의 한역본(漢譯本)으로는 현장, 구마라지바 및 의정(義淨)이 각각 한역한 세 질의 약본과 반야(般若)와 이언(利言)이 공동으로 번역한 것을 비롯하여 지혜륜(智慧輪), 법성(法成), 법월(法月) 및 시호(施護)가 각각 한역한 다섯 질의 광본이 있지만, 우리나라에서 일반적으로 독송되고 있는 것은 당(唐)나라 현장(玄奘)법사가 한역한 약본이다.

광본 반야심경은 서분, 정종분, 유통분이라는 경의 기본적인 체제를 제대로 갖춘 것으로, 약본의 약 두 배 정도의 길이로 이루어져 있다.[4] 한편, 약본은 광본 가운데, 정종분 부분만을 따서 구성한 내용의 것이다. 참고로 광본을 요약해서 소개하면 다음과 같다.

반야심경은 부처님께서 큰 비구들 및 보살들과 함께 왕사성(王舍城), 곧 라지기르(Rajgir) 교외에 있는 기사굴산[5]에 계실

---

4 부록 2. 광본 반야심경 참조.

때에 설해진 것으로 되어있다. 부처님께서 기사굴산에 계시면서 삼매에 드셨는데, 그때 대중 가운데 있던 관자재보살이 매우 깊은 반야바라밀다를 실행하여 오온(五蘊)이 모두 공(空)함을 비추어 보고 모든 고액(苦厄)을 떠나자, 사리불이 부처님의 위신력을 받아 관자재보살께 합장하고 "만약 선남자가 매우 깊은 반야바라밀다를 행하고자 하면 어떻게 수행해야 합니까?"라고 물은데 대해서, 관자재보살이 답한 것이 곧 정종분, 바꾸어 말하면 약본의 내용이다. 사리불의 질문에 대한 관자재보살의 설명이 끝나자, 부처님께서는 삼매에서 일어나시어 관자재보살의 설명을 칭찬하시고 인가하심으로써 좌중이 부처님 말씀을 듣고 모두 기뻐하며 믿고 받들어 행하였다는 것으로 유통분을 마무리한 것이다. 그러므로 내용상으로 볼 때, 광본이 아닌 약본을 독송하더라도 그 경의 기본적인 내용은 전혀 빠트림이 없는 셈이다. 이 책에서는 우리나라에서 일반적으로 독송 되고 있는 현장법사 한역의 약본에 의하기로 한다.

그러면, 왜 반야심경에는 위에서 말한 바와 같은 두 종류가 있는 것일까? 이에 관해서는 납득할 만한 설명을 찾아볼 수

---

5 기사굴산은 우리나라에서는 영취산으로 불리는 것이 보통이다.

없다. 다만, 저자로서는 반야심경이 애초부터 광본과 약본의 두 가지로 성립되었을 것으로는 생각되지 않는다. 왜냐하면, 형식만 약간 다를 뿐 같은 내용인 경을 각각 달리 두 가지로 만들 필요는 없을 것이기 때문이다. 오히려 약본이 먼저 성립되고, 백 년쯤 뒤에 광본이 성립된 것이 아닌지 추론(推論)할 뿐이다. 왜냐하면, 첫째로 이들 반야심경의 한역 연대와의 관계에서 그러한 생각이 가능하다는 것이다. 약본 반야심경을 한역한 현장 법사는 602~664년 대에, 구마라지바 법사는 344~409년 대에 살았던 분들인데 대하여, 광본의 한역은 모두 기원 790년에서 900년경에 이루어졌기 때문이다. 만일, 현장이나 구마라지바의 생시에 약본과 광본이 함께 존재했다면 그들이 모두 약본만을 한역했을 리가 없을 것 같다. 반면에, 광본을 한역한 후대의 분들이 마치 약속이라도 한 것처럼 광본만을 한역해 낸 것은 그들이 한역할 즈음에는 광본이 존재했으므로 구태여 약본을 한역할 것 없이 광본 위주(爲主)로 한역한 것으로 생각되기 때문이다. 그에 더하여 생각되는 것은 반야심경의 성립 동기와의 관계이다. 이미 설명한 바와 같이 반야심경은 반야부경이 워낙 방대하여 재가 신도들은 물론 출가승들조차도 감당하기가 여간 어렵지 않아, 전체 반야부경을 종합하고 요약해 낸 것이 반야심경이다. 그렇기 때문에, 처음에는 형식보다도 내용을 중심으로 한 일종의 요약경(要約經)으로 만들어 냈는데, 뒤에 와서 제대로 경의 형식을 갖추게 된 것이 아닌지 짐작할 뿐이다.

5 반야심경의 구성

반야심경은 260자라는 짧은 경이지만, 더할 수 없이 넓고 걸림이 없는 내용으로 짜여 있다. 반야심경을 보면 아주 체계적으로 짜여있음을 알 수 있는데, 내용상으로 볼 때, 세 부분으로 크게 나눌 수 있다. 곧, 첫째 단락(段落)은 관자재보살 행심반야파라밀다시(觀自在菩薩 行深般若波羅密多時)에서 "느낌과 생각과 뜻함과 의식도 또한 그러하니라"[受想行識 亦復如是.]까지라고 할 수 있고, 둘째 단락은 "사리자여! 이 모든 법의 공한 모습은 생기지도 않고 없어지지도 않으며"[舍利子 是諸法空相 不生不滅]에서 "지혜도 없고 얻을 것도 없다"[無智亦無得]까지이며, 셋째는 "얻을 바가 없으므로"[以無所得故]에서 끝까지라고 할 수 있다.

먼저 첫째 단락에서는 관자재보살이 "깊은 반야바라밀다를 행할 때 오온(五蘊)이 모두 공한 것을 비추어 보고 온갖 괴로움과 재앙을 없앴느니라."는 것을 총론적으로 밝혔다. 이는 관자재보살이 오온(五蘊)을 관조(觀照)한 직관적인 지혜와 그 관조한 내용을 보인 것이라고 할 수 있다. 그렇기 때문에, 다음 단락에서 전개되는 내용은 이 총론적인 부분에서 밝힌 "오온이 모두 공한 것"[五蘊皆空]이라는 내용을 구체적으로 부연(敷衍)한 것이라고 할 수 있다.

다음으로 전개된 둘째 부분은 첫째 단락의 각론적(各論的)인 부분으로서, 앞에서 관자재보살이 관(觀)한 오온개공(五蘊皆空)을 여러 경계(境界), 곧 불법(佛法)의 근본을 이루는 여러 분야로 나누어 구체적으로 설명한 것이라고 하겠다. 모든 법의 공한 모습, 곧 "모든 법의 공한 모양"[諸法空相]을 총체적으로 보인 다음, 불교의 존재인식법(存在認識法)인 십팔계(十八界)와 십이인연(十二因緣), 사성제(四聖諦) 및 지혜와 소득이라는 것도 모두 따로 있다고 할 것이 없다고 하여 공한 모습을 설명하였음을 알 수 있다.

마지막 단락은 보살과 삼세제불이 반야바라밀다에 의지한 과보(果報)를 보이면서, 더 없이 신묘한 반야바라밀다주를 드러내고 있다. 곧, 보살과 삼세의 여러 부처는 모두 오로지 반야바라밀다에 의지할 뿐이고, 그 과보는 헤아릴 수 없이 큰 것임을 천명하고 있다. 그러면서, 반야바라밀다는 그 자체가 매우 신묘한 주문(呪文: Mantra)임을 강조하면서, 마지막으로 반야바라밀다주를 내보인 것이다.

그러니, 반야심경은 불과 260자라는 짧은 경이면서도, 그 가운데 우주를 관통하는 지혜와 그 관찰의 대상 및 과보를 모두 함축하고 있는 매우 중요한 경임을 쉽게 알 수 있다.

6 반야심경의 위치

앞에서도 설명한 바와 같이 반야심경을 경전사적(經典史的)으로 볼 때는 대승초기(大乘初期)의 반야부 경전에 속하지만, 반야부 경전을 이루는 한 작은 경이 아니라 방대한 반야경의 전체 내용을 요약하여 집성한 개론적인 경이다. 그렇기 때문에, 반야심경을 보면 불교의 핵심이라고 할 수 있는 공(空)의 사상을 비롯하여 연기법(緣起法), 사성제(四聖諦), 무상(無相) 및 차안(此岸)과 피안(彼岸)이 있으며, 불교의 존재인식법(存在認識法)이 자리하고 있음을 알 수 있다. 그러니, 반야심경은 불경 중의 불경이라고 해도 과언이 아닐 만큼 불교의 핵심적인 요소를 모두 담고 있는 중요한 경이라 하지 않을 수 없다. 절에서 법회를 비롯한 여러 행사에서 거의 필수로 반야심경을 독송하는 것도 반야심경이 지니는 이와 같은 중요한 뜻을 늘 되새기기 위한 것이라고 할 수 있다.

반야부 경전에서 두드러지게 눈에 띄는 것은 공의 사상이다. 공은 불교의 근본을 나타내는 사상이라고 하리만큼 중요한 의미를 지닌다. 공은 '빌 공(空)' 자를 쓰지만 아무것도 없다는 뜻에서의 무(無)와는 차원이 다르다. '공'(emptiness)이란 뒤에서 자세히 설명하는 바와 같이 아무것도 없이 텅 비었다는 뜻, 곧 존재성을 부정하는 것이 아니라, 생겨난 존재는 어느 하나 본래부터 그러한 모습을 지니고 있는 것, 다시 말하면 존재하는 것 치고 본래부터 그에 고유한 실체(實體)를 가지는 것은 하나도 없고, 모두 인연이 닿아 여러 인자(因子)가 모여서 된 것에 지나지 않는다는 것이다. 오온개공(五蘊皆空), 곧 존재하는 것은 모두 공한 것이라고 하여 공의 관념을 단적으로 표현하면서, 그러한 공의 관념을 색즉시공(色卽是空) 공즉시색(空卽是色)이라는 대구(對句)를 써서 절묘하게 설명한 것이 반야심경의 특성의 하나라고 할 수 있다.[6]

---

6 '공'에 관한 자세한 설명은 제2부의 60쪽 이하 참조.

제 2 부

본문풀이

1 마하반야바라밀다심경

摩訶般若波羅蜜多心經
마 하 반 야 바 라 밀 다 심 경

마하반야바라밀다심경은 가장 널리 독송 되고 있는 현장(玄奘)법사가 한역한 반야심경 이름이다. 반야바라밀다심경의 산스크리트어 이름은 Prajnaparamita-hrdaya-sutra인데, 그것을 한역하면서 붙인 한자명이 일부 예외를 제외하고는 모두 반야바라밀다심경으로 되어 있다. 오직 구마라지바가 한역한 약본 및 법월(法月)과 시호(施護)가 각각 한역한 광본의 경명이 그 예외에 속한다. 구마라지바는 마하반야바라밀대명주경(摩訶般若波羅蜜大明呪經)이라는 이름을 썼고, 법월은 보변지장반야바라밀다심경(普遍智藏般若波羅蜜多心經)이라는 이름을, 시호는 불설성불모반야바라밀다심경(佛說聖佛母般若波羅蜜多心經)이라는 이름을 붙였지만, 내용에는 별 차이가 없다.

원래, 산스크리트어로 된 원문에는 이러한 긴 경명이 붙지 않았는데, 원문 끝에 "반야바라밀다의 마음을 닦는다" (Prajnaparamita-hrdayam samaptam)라는 구절이 있던 것을 앞으로 끌어올려 경명으로 삼은 것으로 짐작하고 있다.

경명(經名)

유일신(唯一神)의 존재와 그 계명(誡命)을 믿는 종교와는 달리, 불교의 경우는 팔만사천법문이라고 일컬어질 만큼 많은 수의 불경이 있기 때문에 각 경(經)마다 이름이 있어야 할 것은 당연한 일이다. 경의 이름은 어느 하나의 통일된 기준에 의한 것이 아니라, 그 경을 가장 알기 쉽게 나타낼 수 있도록 여러 가지 기준에 따라 붙여진다.

가장 대표적인 것은 그 경의 내용에 따르는 이름이다. 곧, 반야사상을 담은 경을 반야경이라 하고, 화엄사상에 관한 내용을 주로 하는 경을 화엄경(華嚴經)이라고 하는 것이라거나, 부처님의 가르침인 법을 연꽃에 비유하여 설한 경을 법화경(法華經)이라고 하는 것은 그 예이다.

다음으로 들 수 있는 것은 그 경에서 다루어지고 있는 불보살의 명호(名號)를 따서 붙인 경명이다. 아미타불의 명호에서 온 아미타경이라던가, 지장보살의 명호를 딴 지장경(地藏經)은 바로 그러한 예이다.

다음으로 볼 수 있는 것은 그 경의 주인공(主人公)의 이름이나 경이 설해진 장소에 따라 경명이 붙여지는 경우이다. 전자(前者)의 대표적인 예로 들 수 있는 것으로는 유마경(維摩經)과 승만경(勝鬘經)이 있고, 능가경(楞伽經)은 스리랑카[7]의 랑카산에서 설해진 경이라고 해서 붙여진 경명이다.

반야심경 곧, 반야바라밀다심경은 그 경에서 설해진 내용

---

7 스리랑카를 보통 랑카라 부르고, 그 랑카를 음역하여 능가(楞伽)라 한다.

에 따라 붙여진 경명이다. 반야바라밀다에 관해서 다룬 경이라는 뜻이다. 특히 '심경'(心經: Heart-Sutra)이라고 해서 심(心)자를 쓴 것은 이 경이 바로 반야바라밀다의 핵심, 곧 진수(眞髓)를 담은 경이라는 뜻에서 온 것이라고 할 수 있다.

마하(摩訶)

우리가 일상 독송하는 현장 법사가 한역한 반야심경의 경명에는 원래 그 이름 앞에 '마하'가 붙지 않았을 뿐만 아니라, 구마라지바의 한역 반야심경을 제외하고는 어느 한역본에도 경명 앞에 '마하'가 붙은 것이 없다. 그런데, 우리나라나 일본 등에서 통용되고 있는 반야심경에는 경명 앞에 '마하'의 두 자를 붙여 독송하는 것이 보통이다.

'마하'(maha)란 크다, 뛰어나다, 완전하다는 등의 뜻을 가진 것으로, 지도론(智度論)에 의하면 '마하'란 크다(大), 많다(多), 빼어나다(勝)는 세 가지 뜻이 있는 것이라고 한다. 그러므로 마하반야바라밀다심경이라고 하면 '완전한' 반야바라밀다심경 또는 '뛰어난' 반야바라밀다심경이라는 뜻이 된다. 짐작컨대, 반야심경이 매우 뛰어난 큰 뜻을 담은 경전이라는 뜻으로 칭송하는 의미에서 후세에 첨가한 이름이 아닌가 한다. 고대 인도에서는 크다거나 뛰어난 것을 나타내기 위해서 '마하'를

앞머리에 붙이는 예를 흔히 볼 수 있다. 큰 탈 것에 비유한 대
승(大乘)도 원어는 마하야나(mahayana; 摩訶衍那)라고 하여 '마
하'가 붙여졌고, 부처님 당시에 부처님 제자 가운데 카샤파(迦
葉)라는 성을 가진 존자가 여러분 있었는데, 그 가운데 특히
두타제일(頭陀第一)로 알려진 십대제자 가운데 한 분인 카샤파
를 따로 마하카샤파(摩訶迦葉)라고 부른 것을 비롯하여, 마하구
치라(摩訶拘絺羅) 및 마하가연나(摩訶迦延那) 등이 그 예라고 할
수 있다.

반야(般若)

반야심경의 이름 가운데 맨 먼저 나오는 것이 반야이다.
'반야'는 산스크리트어인 프라즈냐(prajna)를 그 음에 따라 한
역한 것으로, 간단히 말하면 지혜(智慧)에 해당하는 말이다. 그
러나 엄격히 말한다면 '지혜'라는 표현으로 '프라즈냐'의 참
뜻을 나타내기에는 부족함이 있기 때문에, 어설프게 '지혜'라
고 한역하기보다는 원음(原音)에 따라 음역(音譯)하는 것을 바
람직하게 보아 그대로 음을 따서 한역한 것이다.

프라즈냐 곧, 지혜란 우리가 교육이나 경험을 통해서 받아
들인 지식이나 사람의 이성적 사유(理性的 思惟)의 영역에 속하
는 분별지(分別智)로는 엄두도 낼 수 없는 직관적 지혜(直觀的 智

慧: insight)를 말한다고 할 수 있다. 그러므로 가장 적절하게 말한다면 지혜란 바로 반야지(般若智)를 가리킨다. 원래, 지식(knowledge)이라는 것은 외부로부터 받아들인 일종의 정보이기 때문에, 자기 속에 간직된 원형(原型)이 아니고, 참다운 자기 것이 아니다. 외부로부터 지식을 받아들이는 경로는 여러 가지이고, 정보기술(IT)이 급속도로 발달하고 생활화됨으로써 지식을 섭취하는 경로는 더욱 다양해지고 있다. 교육, 책, 매스컴, 인터넷, 스마트 폰 또는 개인적인 경험 등을 통해서 습득하는 지식은 사람의 의식 속에 차곡차곡 쌓여 간다. 마치 창고에 잡다한 물건이 쌓여가는 것과 같다. 그러나 그처럼 쌓인 것들은 빌려온 알음알이일 뿐, 진리에 대한 자각이나 스스로 눈 뜸이 아니다. 그렇기 때문에 그러한 지식은 분별심(分別心)을 일으키고 선입견으로 작용하는 것이 보통이다. 많이 배웠다는 사람이 흔히 까탈스럽고 편견이 많은 것도 그 탓이라고 할 수 있다.

지혜(wisdom)는 모든 미혹(迷惑)을 걷어내고 마음속 깊이 간직된 슬기를 깨워 일으켜 우주의 진리를 체득하는 것이다. 그러한 지혜 곧, 반야지는 외부에서 끌어들인 것이 아니라, 자기 안에 잠재해 있는 것을 깨워 일으킨 것이다. 모든 중생은 모두 불성을 지니고 있다(一切衆生悉有佛性)라고 하는 것이 그것이다.

다만, 불성을 간직하고 있다는 것과 불성을 보고 들어낸다는 것과는 아주 다른 말이다. 우리는 누구나 불성을 간직하고 있다는 것을 믿고, 그 불성을 가리고 있는 삼독(三毒)의 구름을 벗겨냄으로써 불성의 씨앗을 틔우고 가꿔야 한다. 그러므로 지혜는 지식과는 달리 자기 안의 것이 싹터 자란 것이지, 밖의 것을 끌어들인 것이 아니다. 그래서 사람이 성불한다는 것을 식(識)을 지혜로 바꾸는 것이라거나, 미혹을 깨달음으로 승화(昇華)시키는 일이라고 하는 것이다.

사람들은 항상 분별의 늪에 빠져 허덕이는 나날을 보내는 것이 예사이다. 우선 좋고 나쁨을 가리고, 동과 서를 나누며, 긴 것과 짧은 것, 큰 것과 작은 것 등을 가리는 관념에 사로잡혀 있다.[8] 그러한 분별은 밖에서 들어온 어설픈 지식이 늘 밖을 향해서 작용하는 모습의 단면을 보인 것이다. 그러나 이 세상에는 절대적으로 좋은 것이나 절대적으로 나쁜 것이 없고, 길다거나 짧다거나 또는 크다거나 작다는 것도 모두 상대적인 개념에 지나지 않는다. 작은 것이 있기 때문에 그에 상대되는 큰 것이 있는 것이고, 나쁜 것이 있어서 좋은 것이 눈에 띄는 것이다.

---

8 Thich Nhat Hanh, The Heart of Understanding, 1988, p. 34.

한편, 열린 마음으로 넓게 사물을 관찰한다면 이 세상에는 쓸모없는 것이 하나도 없다. 아니, 쓸모없는 것은 애당초 생기지 않는다고 하는 것이 더 옳을지 모른다. 법화경(法華經)의 약초유품(藥草喩品)에서 볼 수 있듯이 의왕(醫王)의 눈으로 보면 모든 초목이 모두 약초인 것이다. 갖가지 초목의 나름의 효능을 제대로 알아 알맞은 곳에 쓴다면 약이 되지 않는 것이 없다는 것이다. 문제는 세상을 보는 눈과 마음의 넓이에 달린 것뿐이다. 그러니, 사물을 제대로 보고 이해하려면 옳게 관조(觀照)할 수 있는 눈과 마음이 트여야 하고, 그것이 곧 슬기로움을 말하는 지혜이고, 그러한 지혜를 가리켜 반야라고 하는 것이다. 그러므로 반야란 붓다께서 깨친 지혜라고 하는 것이 가장 정확한 것인지도 모른다.

바라밀다(波羅蜜多)

경명 가운데 '반야' 다음에 오는 것이 바라밀다(波羅蜜多)인데, 바라밀다는 산스크리트어인 파라미타(paramita)를 그 소리 나는 대로 한역한 것이다. '바라밀다' 곧 paramita란 건너다, 완성한다, 넘어서, 또는 저쪽 등을 가리키는 말이다. 불교에서는 미혹의 늪에서 번뇌에 시달리는 현실의 세계를 차안(此岸), 곧 이쪽 언덕이라 하고, 탐진치(貪瞋癡)라는 삼독(三毒)을 여

의고 깨달음을 얻어 대자유를 즐길 수 있는 이상의 세계를 피안(彼岸), 곧 저쪽 언덕이라고 하여, 피안에 도달하는 것을 이상으로 삼는다. 그러므로 '바라밀다'라는 것은 번뇌에 찬 현실의 세계에서 깨달음의 세계, 곧 이상의 세계로 '건너간다'는 의미가 된다.

그러나, 이는 비유적인 말일 뿐, '바라밀다'라고 해서 물리적으로 차안인 현실세계에서 피안인 이상세계로 건너가는 것은 아니다. 그것은 오히려 시간과 공간에 갇혀 미혹에 시달리는 현실을 벗어나 시간과 공간을 넘어서서 모든 분별을 여읜이상의 세계를 실현하는 것을 뜻한다고 할 수 있다. 바라밀다는 그러한 의미에서의 '건너감'이나 '완성함'을 뜻하는 것이다. 따가운 사막의 햇살을 받으며 선인장 꽃이 그 아름다움을한껏 뽐내고 있다. 그러나 선인장 꽃이 아무리 아름답고 영롱하다고 해도 채 몇 시간을 채우지 못하고 시들어 모랫바닥에떨어지고 만다. 선인장 꽃이 피어있을 때, 거기에 시간이 있고공간이 있으며, 선인장 꽃으로서의 개성이 있고 또 그것은 그꽃으로서의 한계가 되기도 한다. 그러나 꽃이 시들어 뜨거운사막의 모랫바닥에 떨어지고 나면 이 세상 어느 곳에서도 그꽃은 찾아볼 수 없다. 그것은 꽃이 완전히 사라져버렸기 때문이 아니다. 그 꽃은 이미 광활한 사막의 일부가 되었다. 짧은 시간과 좁은 공간을 벗어나 대지와 하나가 되었고, 작은 개성을 벗어던짐으로써 광대한 우주 속으로 녹아들어 우주에 변재(遍在)하게 된 것이다. 바라밀다가 바로 그러한 뜻에서의 건너감이요 넘어섬이다. 그러니, '반야'와 '바라밀다'를 연결해 보면 반야의 지혜로 해탈의 세계에 이른다는 뜻이 된다. 다시 말하면, 반야의 지혜를 닦아 해탈의 세계에 이른다는 것이다. 그러므로 반야바라밀다는 참된 "지혜의 완성"을 뜻하는 셈이다. 이를 부처님께서는 능가경(楞伽經)에서 반야바라밀(般若波羅蜜)은 "자기 마음의 망상이 성품이 아님을 지혜로 관찰하여 두 극단에 빠지지 않고 의지한 것을 훌륭하게 전변(轉變)하여 무너트리지 않아 스스로 깨친 거룩한 지혜"라고 자세히 설명하셨다.[9]

심경(心經)

심(心): 반야심경을 줄여 간단히 '심경'이라고 하는 경우가 많다. 특히 마음 심(心) 자를 경의 이름에 넣은 것은 '심' 자가 마음뿐만 아니라 중심, 근본, 핵심, 정수(精髓) 등의 뜻을 가지는 것임에 비추어, 반야심경은 무릇 불경, 특히 대승불경의 핵

---

9 저자, 능가경 역해, 2015, 385면.

심이 되는 경이라는 의미를 나타내기 위해서 붙인 것으로 볼 수 있다. 서구에서는 흔히 금강경을 다이아몬드경(Diamond sutra), 법화경을 연꽃경(Lotus sutra)이라고 하는 것처럼 반야심경을 심경(Heart sutra)이라고 부르는 경우가 많고, 서구에서는 그만큼 반야심경을 중시하는 경향이 있다.

경(經): 불교에서 말하는 경이란 두말할 것 없이 부처님의 가르침을 담은 책을 말한다. '경'은 산스크리트어인 수트라(sutra)를 뜻에 따라 한역한 것인데, 음(音)에 따라 번역하여 수다라(修多羅)라고 한 예도 있다. 경(經)은 원래 실이나 끈을 뜻하는 말이다. 불경이 처음 성립된 때만 해도 종이에 글을 쓰는 오늘날과는 달리 다라나무 잎을 말리거나 대나무를 길이 약 20cm, 폭 약 2cm 정도로 잘라 그 표면에 글씨를 새긴 다음, 끈으로 엮은 형태로 사용한 것과 연관된 것으로 보인다. 다라나무 잎에 쓰인 경을 패엽경(貝葉經) 또는 패다라경(貝多羅經)이라 하고, 대나무를 잘라 새긴 경을 죽간경(竹簡經)이라 한다.

모든 종교는 그 종교의 가르침을 담은 경전이 있기 마련이다. 그런데 그리스도교의 성경(the Bible)이나 이슬람교의 쿠란(Quran)은 한 권의 책으로 이루어진 것인데 대해서, 불경은 팔만대장경이라는 말로도 짐작할 수 있는 것처럼 수많은 경전으로 이루어져 있다. 이는 흔히 말하는 계시종교(啓示宗敎)와 자각종교(自覺宗敎)의 차이를 나타내는 것이라고 할 수 있다. 계시종교는 그 종교의 신앙의 대상인 절대신(絶對神)의 계시와 그 계시를 받은 교주(敎主)의 말이 그 종교의 가르침이기 때문에 분량이 많을 수 없는 것은 당연한 일이다. 그와 달리, 불교와 같은 자각종교의 경우는 스스로 우주의 진리를 깨친 붓다께서 그 깨친 바를 여러모로 방편을 써서 설한 것을 엮은 것이기 때문에 분량이 많을 수밖에 없는 일이다. 이와 같이 볼 때, 심경(心經)이란 그 많은 경들 가운데 바로 핵심적인 경, 근본이 되는 경이라는 뜻이 된다.

그러므로 반야 바라밀다 심경을 연결해 본다면 "지혜를 실현하게 하는 핵심적인 경" 또는 "붓다의 지혜로 피안에 이르는 마음의 길"이라는 뜻이 되겠다.

2 오온개공

觀自在菩薩　行深般若波羅蜜多時
관 자 재 보 살　행 심 반 야 바 라 밀 다 시

照見五蘊皆空　度一切苦厄
조 견 오 온 개 공　도 일 체 고 액

●

관자재보살께서
깊은 반야바라밀다를 행할 때

오온이 모두 공한 것을 비추어 보고
온갖 괴로움과 재앙을 없앴느니라.

설법환경(說法環境)과 설주(說主)

설법환경: 우리가 일상 독송하는 현장역 반야심경은 앞에서 설명한 바와 같이 약본에 속하는 것으로서, 서분과 유통분이 없이 바로 본론인 정종분만 나와 있기 때문에 그 설처(說處)나 설법 당시의 상황 등에 관해서 의문이 있을 수밖에 없다. 관자재보살이 반야심경을 설할 때의 환경을 반야(般若)와 이언(利言)이 함께 한역한 광본(앞으로 이 책에서 '광본'이라 약해서 쓴다)에 비추어 간단히 살펴보고자 한다.

반야심경이 설해진 당시, 부처님께서는 큰 비구중 및 보살중과 함께 기사굴산(耆闍崛山)에 계셨는데, 그때 부처님께서는 마침 '광대심원'(廣大深遠)이라는 이름의 삼매(三昧)에 드셨다. 그곳에 부처님을 모시고 함께 있던 보살들 가운데 '관자재'라는 이름의 보살마하살이 있었는데, 바로 그 보살이 깊은 반야바라밀다를 행한 것이다. 여기에서 기사굴산이란 왕사성, 곧 라지기르(Rajgir)의 외곽에 있는 산으로 우리나라에서는 흔히 영취산(靈鷲山)이라 부르는 산이다.

반야심경이 설해진 것은 그곳에 함께 있던 사리불(舍利弗)이 관자재보살께 "만약 반야바라밀다를 행하고자 하는 사람이 있으면 어떻게 수행해야 합니까?"라고 물은 데 대한 답의 형식으로 되어 있다.

설주: 반야심경을 설한 분이 누구인지에 관해서 약본에는 뚜렷한 말이 없기 때문에 그 설주(說主)에 관한 의문이 있을 수 있다. 그런데, 광본 반야심경에는 앞에서 본 바와 같이 사리불이 관자재보살께 묻자 "이때 관자재보살마하살이 사리불 비구에게 말하였다"(爾時觀自在菩薩摩訶薩 告具壽舍利弗言)라고 분명히 밝혀져 있다. 여기에서 구수사리불(具壽舍利弗)이라고 한 경우의 구수(具壽)는 그 원어(ayusmat)를 직역하면 수명을 갖추고 있는 사람이라는 뜻이 되지만, 이는 원어를 지나치게 직역한 것이라고 할 수 있다. 부처님 당시의 승가(僧迦)의 관행에 의하면 구수(具壽)란 출가한 지 오래되거나 연상의 스님이 자신보다 어리거나 늦게 출가한 스님을, 또는 스승이 제자인 스님을 부를 때의 호칭으로 쓰인 것이 보통이다. 그러한 관점에서 관자재보살은 사리불에게 '구수'를 붙인 것이라고 할 수 있겠다. 그 후 관자재보살이 사리불에게 설함을 마치자, 부처님께서는 삼매에서 일어나시어 관자재보살의 설법을 찬탄하시고 그 설법내용을 증명하신 것으로 되어있다. 이는 곧 반야심경의 직접적인 설주는 관자재보살이지만 그 설법내용을 부처님께서 인가하신 형식이다. 결국, 반야심경은 실질적으로 본다면 부처님께서 설하신 것이나 다름이 없다.

25자(字)의 의의

반야심경의 첫 구절은 "관자재보살께서 깊은 반야바라밀다를 행할 때 오온이 모두 공한 것을 비추어 보고 온갖 괴로움과 재앙을 없앴느니라."[觀自在菩薩 行深般若波羅密多時 照見五蘊皆空 度一切苦厄]라고 하여 글자의 수로는 불과 25자에 지나지 않지만, 관자재보살에 의하여 체험된 깊은 반야의 철학이 그대로 압축되어 있는 반야심경의 진수(眞髓)라고 할 수 있다. 반야심경은 결국 이 25자로 표현된 반야의 철학을 여러 가지 측면으로 나누어 설명한 것이라고 해도 과언이 아니다. 다시 말하면, 반야심경은 반야의 철학에서 우러난 '공'이라는 핵심적인 명제를 앞에 내걸고, 불교의 존재인식법(存在認識法), 연기법(緣起法), 사성제(四聖諦) 등을 그것과 연관지어 설명하고 있는 것이다. 그러므로 이 부분은 위에서 설명한 바와 같이 반야심경의 총론에 해당하는 셈이다.

관자재보살(觀自在菩薩)

관자재: 관자재보살은 우리나라를 비롯한 북방불교권(北方佛教圈)에서 매우 친숙하게 잘 알려진 관세음보살(觀世音菩薩)의 별호이다. 관세음보살이라고 할 때의 '관세음'은 중생들이 괴로워하는 세상의 소리[世音]를 두루 관한다, 듣는다는 뜻이고,

'관자재' 도 동서남북 사유 상하의 모든 소리를 자유자재로 듣고 본다는 뜻이 된다. 관세음보살이나 관자재보살은 모두 산스크리트어인 '관한다' 는 뜻의 아바로키타(Avalokita)와 '자재롭다' 는 뜻의 이스바라(isvara)의 합성어인 아바로키테스바라(Avalokitesvara)를 한역한 것으로, 이를 현장법사는 '관자재' 로, 구마라지바는 '관세음' 으로 번역하였다.

관세음보살은 대승권(大乘圈)에서 자비의 보살로 널리 숭앙되고 있는 분으로, 부처님의 무량한 공덕 가운데 특히 자비를 의인화(擬人化)하여 인격적으로 表現한 보살이라고 할 수 있다. 그런데, 중생의 소리를 듣는다는 의미에서라면 '들을 청'(聽) 자를 쓰지 않고 '볼 관' (觀) 자를 썼는지를 살펴볼 필요가 있다. 원래, 본다는 뜻을 나타내는 글자로는 견(見), 시(視), 관(觀) 등이 있으나, '견' 이나 '시' 는 육안으로 시각을 통해서 겉모습을 보는 것을 말하는 데 비해서, '관' 은 마음의 눈을 통해서 살펴보는(觀察) 것을 말한다. 다시 말하면, 단순한 겉모습만이 아니라 그 겉모습 너머의 본질을 추구하여 깊이 살펴보는 것을 '관' 이라 한다. 사람이 육안으로 사물을 보는 경우, 같은 사물이라도 보는 사람에 따라 달리 보일 뿐만 아니라, 같은 사람이 보는 것도 때와 장소에 따라 달리 보인다. 그것은 첫째로는 분별심의 작용이요, 둘째로는 보는 사람을 비롯하여 보는 대상인 모든 '것'은 그때그때 미세하게나마 바뀌고 있기 때문이다. 사람은 자기도 잘 모르는 사이에 매 순간 변하고 있는 것이다. 그뿐만 아니라, 사물도 엄격히 본다면 매 순간 변하고 있다. 그러니 아침에 본 것과 저녁에 본 것은 똑같이 보일 수 없는 것은 당연한 일이다. '관'은 이러한 경계를 뛰어넘어 깊이 살펴본다는 뜻이다.

관세음보살 또는 관자재보살이 중생의 소리를 듣는 것은 중생의 신음(呻吟)소리를 듣는 데에 그치는 것이 아니라, 그 소리를 들음으로써 큰 자비를 베풀기 위한 것이다. 그러므로 관자재보살이 듣는 것은 단순한 소리에 그치는 것이 아니라 무슨 괴로움으로 인한 것인지를 살필 필요가 있고, 그 들음은 시공(時空)을 뛰어넘은 것이어야 하므로, 그 듣는 것은 당연히 관(觀)이 아닐 수 없다.

보살: 보살이란 보디사트바(Bodhisattva)를 소리에 따라 한역한 보리살타(菩提薩埵)의 준말이다. 보살은 부처의 경지에 이르렀으나 중생을 제도하기 위해서 이 세상의 시공간에 머물러 있는 사람을 가리킨다.[10] 보살은 이 세상에서 배우고 수행할

---

10 대승의 세계에서 상구보리(上求菩提) 하화중생(下化衆生)에 뜻을 두고 불도에 정진하는 사람을 가리켜 보살이라는 말이 쓰이기도 한다.

것은 모두 마쳐 성불(成佛)의 문턱에 서 있어 한 발짝만 앞으로 내디디면 곧 부처인데도 불구하고, 미혹의 늪에 빠져 허덕이고 있는 중생을 구제하기 위해서 그 한 발짝을 내디디지 않고 있을 뿐이다. 보살의 마음은 물에 빠진 자식을 생각하는 어머니의 마음과 같은 자비심으로 가득할 뿐이다.

팔천송반야경 제1품에 보면 부처님께서 수부티존자에게 말씀하시기를 "보살이란 뜻 없는 말이니라. 그것은 왜냐하면 보살마하살은 일체법의 무집착(無執着)에 대하여 배우기 때문이니라. 보살마하살은 일체법을 이해함으로써 무집착 가운데에서 무상정등각을 깨달으며, 깨달음을 목적으로 하므로 보살마하살이라고 불리는 것이니라."라고 하시어 보살이 어떠한 것인지를 구체적으로 설명하였다. 이 보살관념은 대승불교의 특징의 하나라고 할 수 있지만, 부처님께서 반열반에 드신 뒤, 근기가 낮은 일반 대중을 위해서는 부처님의 여러 공덕을 의인화(擬人化)한 보살관념의 정립이 필요했을 것은 짐작할 만하다. 그러므로 관자재보살이라고 하면 한마디로 동서남북 사유 상하에서 들려오는 중생의 소리를 모두 자재(自在)롭게 살펴 들어 자비로운 구제를 도모하는 보살이라고 할 수 있다.

행심반야바라밀다시(行深般若波羅蜜多時)

관자재보살께서 깊은 반야바라밀다를 행할 때의 일이다.

행: 관자재보살께서 신묘한 반야바라밀다를 '행' 한다는 것은 반야바라밀다를 실행한다는 뜻이고, 매우 중요한 의미를 보이는 부분이다. 종교, 특히 불교는 인식이나 기도의 대상이 아니라 실행의 대상이다. 반야의 지혜를 비롯한 불교의 교리는 귀로 듣고 입으로 말하는 것으로 그칠 것이 아니라 몸으로 행해야 한다. 실행이 없는 종교는 숨 쉬지 않는 종교나 다를 것이 없다. 부처님의 가르침은 입으로만 뇌일 것이 아니라 발로 가야 하는 것이라고 일컬어지는 이유도 바로 여기에 있다. 여기에서 '행' 은 바로 관자재보살께서 현실적으로 실행했다는 의미의 '행' 인 것이다.

지도론(智度論)을 보면 지혜의 눈과 실행하는 발이 있으면 맑고 시원한 연못에 이른다[智目行足 到淸凉池]는 말이 있다. 바꾸어 말하면, 청양지에 이르려면 지혜로운 눈과 적극적으로 실행할 수 있는 발이 있어야 한다는 것이다. 아무리 밝은 지혜의 눈이 있더라도 실행할 수 있는 발이 없으면 이르고자 하는 곳에 갈 수 없다는 말이다. 불경은 눈과 입으로만 읽는 것이 아니라, 마음에 새기고 몸으로 행해야 한다. 그래야 비로소 불경과 자신이 하나 됨을 기대할 수 있는 것이다. 그래서 관자재보살께서도 깊은 반야바라밀다를 실제로 행한 것이다.

심반야바라밀다시: 여기에서 '심' (深)은 반야바라밀다를 수식하는 형용사로 쓰인 것이다. '매우 깊고 먼' 또는 '깊고 오묘한' 이라는 뜻이다. 무엇이 그처럼 깊고 오묘한가 하면 반야바라밀다가 그렇다는 것이다. 관자재보살은 그러한 깊고도 오묘한 구경(究竟)의 지혜를 직접 실행한 것이다. 반야바라밀다의 뜻에 관해서는 위에서 설명하였으므로 중복을 피하기로 한다.[11] 관자재보살이 이제 곧 말씀하시는 것은 바로 그때[時] 비추어 보고 이루신 내용이다.

조견오온(照見五蘊)

조견: '조견' 을 직역하면 '비추어 본다' 는 뜻이지만, 그것은 우리가 육안으로 무엇을 쳐다보는 것과는 다른 차원의 뜻이다. 햇빛이 내리비추듯이 훤히 살펴본다는 뜻이다. 우리가 무엇을 본다고 하면 두 눈이라는 감각기관을 통해서 느끼는 것을 가리키는 것이 보통이지만, 그렇게 보는 것은 겉모습, 그

---

11 39쪽 이하 참조.

것도 자기 쪽으로 그 물체에서의 반사광(反射光)이 비치는 면만 볼 수 있는 한계가 있다. 그러므로 무엇인가에 가려졌거나 뒤쪽이나 옆쪽은 볼 수 없고, 그나마도 나름대로 관념에 매인 분별을 수반하는 것이 보통이다. 그렇기 때문에 육안(肉眼)으로 본다는 것은 제한적일 뿐만 아니라 더 나아가 부정확한 것이다.

그렇기에 조견이 필요해진다. 조견은 조(照)와 견(見)의 합성어이다. 먼저 '조'란 '비춘다'라거나 '빛을 보낸다'는 뜻으로, 밝은 빛으로 비춘다는 것이다. 그러면, 과연 무슨 빛으로 비춘다는 것인가? 깨달음의 빛, 곧 지혜의 빛으로 비춘다는 것이어서 각조(覺照)를 뜻한다. 다음으로, '견'은 단순히 눈으로 보는 것이 아니라 마음을 고요히 집중하여 살펴본다는 것, 곧 관견(觀見)을 뜻한다. 그러므로 여기에서 말하는 '조견'이란 무엇인가를 관조(觀照)하는 것, 다시 말하면 마음을 집중하여 챙겨보는 것을 뜻한다고 하겠다. 그렇기 때문에, 조견은 단순히 육안으로 쳐다보는 것이 아니라 마음의 눈(心眼)을 통해서 깊이 통찰(洞察)하는 것이다. 그러므로 조견은 물리적인 한계를 뛰어넘고 분별심을 털어낸 관(觀)이 된다. 심안은 사물을 살펴보는 마음의 작용을 말하는 것이기 때문에, 그것은 통상적인 오관(五官)의 작용이 아니고 마음의 작용인 식(識)에 속한다고 할 수 있다. 관자재보살은 바로 자신의 마음의 눈을 통해서 오온(五蘊)을 비추어 보았다는 것이다.

오온: 관자재보살이 깊고 오묘한 반야바라밀다를 실행할 때 비추어 본 것은 과연 무엇이었는가? '오온개공', 곧 오온이 모두 공한 모습을 본 것이다. 관자재보살은 '오온개공'이라고 하였는데, 오온(五蘊)을 펼쳐 말한 것이 육근(六根), 육경(六境), 육식(六識)인 18계(界)이어서, 18계, 곧 안의 마음과 밖의 만상(萬象)이 모두 오온을 벗어나는 것이 아니다. 그러한 오온이 모두 '공'하다고 하니, 먼저 오온을 살펴볼 필요가 있다.

불교의 존재인식법(ontological-epistemology)을 한마디로 말한다면 오온(五蘊)과 십팔계(十八界)라고 할 수 있다. 오온은 오음(五陰)이라고도 한다.[12] 오온의 '온'(蘊)은 무리나 쌓임, 곧 비슷한 것들이 모이거나 쌓인 것을 뜻한다. 한역경(漢譯經)에 자주 보이는 '취'(聚)가 그에 해당한다고 할 수 있다. 그래서 오온은 다섯 가지 모임이라는 뜻으로, 색온(色蘊), 수온(受蘊), 상온(想蘊), 행온(行蘊) 및 식온(識蘊)을 가리키며, 줄여서 물질(色), 느낌(受), 생각(想), 뜻함(行), 의식(識)이라 한다. 오온은 사람을

---

12 대반열반경에서는 주로 오음(五陰)이라는 용어를 사용하고 있다.

비롯한 생명 있는 모든 것은 몸과 마음, 곧 물질과 정신으로 이루어진 것을 전제로 하여, 물질적 존재를 색으로, 정신적 존재의 범주에 속하는 것을 느낌, 생각, 뜻함과 의식으로 구성한 것이다.

오온의 첫 번째이고, 또 가장 많이 언급되는 것이 색, 곧 물질이다. 물질은 존재나 형상을 뜻하는 것으로서, 우리의 육신이나 기타의 물질과 같이 우리의 일상적인 생활을 통해서 감각적으로 인식될 수 있는 외부적인 존재를 총칭하는 것이다. 그런데 모든 존재는 본래부터 그 스스로 그렇게 존재하는 것이 아니라 사대(四大)와 같은 여러 요소가 모여서 구성된 것이다. 그러므로 엄격히 말한다면 이 세상에 새로 생기는 것은 없고, 구성물이 있을 뿐이라고 할 수 있다. 잡아함의 시라경(尸羅經)[13]에서 바지라(Vajira)비구니가 사구게(四句偈)로 "마치 여러 재료를 한데 모아 세상에서 수레라 일컫는 것처럼, 인연이 모인 여러 닿음을 거짓으로 중생이라 부르니라."라고 말한 것은 물질은 모두 인연에 의한 구성물에 지나지 않는다는 것을 제대로 보인 예라고 할 수 있다.

느낌[受]은 감수(感受)나 경험 등과 같이 사람이 외부와의 접

---

13 잡아함 45: 1202.

촉에서 오는 자극을 감각적으로 받아들이는 작용을 말한다. 눈에 빛, 곧 광자(光子: photon)가 와 닿아 무엇인가의 존재를 느낀다거나, 소리, 곧 음파(音波)가 귀의 고막을 울려 그 소리를 느끼는 것과 같이, 우리의 일상적인 생활경험 가운데 감수작용(感受作用)을 총칭하는 것이라고 할 수 있다. 생각[想]은 앞에서 말한 느낌에서 한 걸음 나아가 감각적으로 느낀 것이 주체의 의식 속에 담기는 표상작용(表象作用)을 말하는 것이어서, 흔히 '생각'이라고 한다. 뜻함[行]이란 앞의 생각에 의하여 우리의 인식내용에 새겨진 것에 시간, 장소, 환경 등의 여러 요소가 매개되어 일정한 의지로 발전된 것을 말한다. 그러므로 이는 우리의 의지작용(意志作用)을 말하는 것으로서, 무엇인가를 추구하는 것, 곧 뜻함이라고 할 수 있다. 의식(識)이란 앞에서 본 느낌에서 뜻함, 곧 수(受)에서 행(行)에 이르기까지의 과정을 거쳐 개념적인 인식으로 발전된 것을 말하며, 이는 분별(分別)이나 사유(思惟) 등을 내용으로 하는 인식작용 일반을 말한다. 그러므로 이는 보편성에 관한 인식이나 단순한 심리적인 의식이 아니라, 분별의 뜻을 함축하는 인식이라고 할 수 있다. 이와 같이 볼 때, 오온은 우리의 일상적인 경험 모두를 다섯 가지 범주로 묶어 나타낸 것이라 할 수 있는 것으로서, 흔히 말하는 일체법(一切法)이나 제법(諸法)과 함께 모든 '것' 또는 모든 '존재현상'을 나타내는 뜻으로 쓰이는 것이 보통이다. 그러나 이들 오온 속에는 그 자체의 핵심적인 실체(core substance)가 없음에 비추어, 오온 자체부터 '공'한 것임을 알 수 있다.

열반경(涅槃經)에서는 "보살마하살이 오음은 번뇌와 모든 잘못을 내는 근본임을 깊이 본 까닭에 방편으로 끊도록 한 것이니라."(菩薩摩訶薩 深見五蘊 是生煩惱諸惡根本, 以是義故 方便令斷.)[14] 라고 하여 오온이 사람의 괴로움[苦]의 바탕임을 밝히고 있는 바, 이는 뒤에 볼 '공'의 참뜻을 이해하는 데 시사(示唆)하는 바가 크다고 하겠다.

공(空)

관자재보살은 오온이 모두 '공'한 것으로 살펴보았다고 한다. 여기에서 말하는 '공'은 불교를 가리켜 불문(佛門) 또는 공문(空門)이라 하고, 출가승(出家僧)을 일러 공문자(空門子)라고도 하리만큼 불교의 중심개념이 되고 있다. 이에 관해서, 팔천송반야경 제12품에는 부처님께서 수부티장노에게 "여래에게는 '무너지지도 않고 부서지지도 않기에 오온이 곧 세계다.'라고

---

14 저자 역해, 열반경 역해 중, 625쪽.

반야바라밀로써 내보여지느니라. 무너지지도 않고 부서지지도 않는다고 함은 오온이 자성을 지니지 않고 텅 비어 있음을 본성으로 삼기 때문이니라."라고 말씀하시어, 오온의 공성(空性)을 밝히신 부분이 눈에 띈다. 사실, 우주는 쿼크(quark)와 같은 극미립자(極微粒子)와 에너지로 가득 차 있고, 그것은 우리 인간을 비롯한 우주 만상(萬象)을 배태(胚胎)하고 있는 것이어서, 모든 것은 인연이 닿아 이러한 우주에 내재(內在)한 창조적인 생명력의 소산(所産)으로 나타나 일시적으로 존재를 유지하고 있는 것에 불과한 것이니, 이는 바로 '공'의 모습을 잘 보여주는 현상이라고 할 수 있다.

관자재보살이 반야의 지혜로 비추어 보니 위에서 본 바와 같은 오온이 모두 공(空)하더라는 것이다. 오온이 모두 '공'하다는 것은 일체법(一切法), 곧 모든 현상이 '공'하다는 뜻이다. '공'은 불교의 진수(眞髓)를 나타내는 말이라고 할 수 있는데, 알듯하면서도 잘 모르고, 분명한 것 같으면서 애매한 것이 바로 이 '공'이다. 관자재보살은 손에 돌멩이 하나를 들고 이것은 '공'이라고 말하지만, 우리가 보면 분명한 돌멩이가 존재하고 있다. 같은 상황에서 관자재보살과 우리가 본 것이 서로 다른 셈이다. 단순히 눈으로 본 것과 마음의 눈으로 살펴본 것의 차이이고, 그것은 견(見)과 관(觀)의 차이이다.

우리는 날마다 감각기관인 육근(六根)을 통해서 갖가지 물건을 보고 여러 가지 소리를 들으며 음식의 맛을 느끼면서 살아간다. 사람들은 흔히 그처럼 보고 들은 것이 모두 각각 독립된 본래적인 실체로 생각한다. 그러다 보니, 사람들은 그에 매달리고 집착하여 갖은 편견을 불러일으켜서 결국 괴로움으로 연결된다. 저자가 2006년 초 인도에서의 성지순례 길에 우연히(?) 달라이 라마(Dalai Lama)를 다시 만나, 연기와 공에 관한 이야기를 나누던 중, 달라이 라마께서는 "잘 관찰해 본다면 모든 것은 그 자체로서 독자성을 가질 수 있는 본래의 실체나 절대적인 존재성을 지닌 것이 없고, 그것을 불교에서는 공(空: sunyata, emptiness)이라고 묘사한다."[15]라고 말하면서, "'공'이란 텅 비어 아무것도 없다는 것이 아니라, 그 자체로서 존재하는 본래의 실체가 없다는 것"이라고 강조한 것이 생각난다. 여기서도 견과 관의 차이가 드러난다.

관자재보살은 오온은 모두 '공'하다고 보았지만, 과연 무엇이 어떻게 '공'하다는 말인가? 먼저, 여기에 하나의 유리컵이 있다고 하자. 물이 가득히 든 컵을 들고 이 컵은 비었는가?

---

15 Dalai Lama, The universe in a Single Atom, 2005, p. 47.(이 책은 저자와 만나기 전 해에 이미 미국에서 출판되어 있었다.)

라고 묻는다면, 누구나 그 컵에는 물이 가득 차 있다고 답할 것이다. 물을 모두 쏟아낸 다음 다시 이 컵은 비었는가? 라고 물으면 이번에는 모두 그렇다고 답할 것이다. 그러나 그 컵에 물은 없지만 여러 원소와 에너지를 담고 있는 공기로 가득 차 있다. 공, 곧 비었다는 것은 무엇인가가 비었다는 것이고, 애당초 아무것도 없는 것이 빌 수는 없다. 관자재보살이 '공' 한 것이라고 비추어 본 것은 색, 수, 상, 행, 식이라는 오온 모두이다. 곧, 오온이 모두 '공' 하다고 본 것이다. 그러나 오온의 무엇이 '공' 하다는 말인가? 그것은 오온으로 표현된 현상의 본래의 실체이다. 모든 것은 오온을 이루는 색, 수, 상, 행, 식의 결합으로 우리의 인식 속에 들어온 것이지, 그 어느 하나도 본래부터 스스로 그대로 존재하는 실체가 있는 것은 아니라는 것이다.

지금 내 책상 위에 놓인 낡은 기계식 자명종 시계를 보자. 그 시계는 꽤 오래되기는 했지만, 한때도 쉬지 않고 째깍째깍 소리를 내면서 바늘을 움직여 시간을 알려준다. 그 소리 나는 곳을 찾아보기 위해서 시계를 뜯어 분해하자 소리는 없어지고, 눈앞에 놓인 것은 수많은 부속품뿐이다. 소리를 내는 곳을 찾아보아도 도무지 찾을 수가 없다. 왜 그런가? 본래부터 소리를 내는 실체가 따로 있는 것이 아니라, 시계를 이루는 여러 부속이 제대로 결합하여 움직임으로써 그런 소리가 난 것이다. 그러니 소리가 따로 있는 것도 아니요, 애당초 그 소리를 내는 무엇인가가 본래부터 따로 있는 것도 아니다. 결국, 모든 것은 어느 하나도 본래부터 스스로 그대로 존재하는 실체는 아니라는 것을 알 수 있다. 그리스 북부의 이오니아 식민지 출신인 데모크리토스(BC. 460?-370?)는 생물을 포함한 만물은 더 자르거나 부술 수 없는 근본입자(根本粒子)들로 이루어졌다는 이론에 도달했는데, 그는 그 입자에 원자(原子: atom)라는 이름을 붙였고, 그것은 "더 자를 수 없는(a-tomos)"을 뜻하는 그리스어에서 유래한 것이다. 이러한 데모크리토스의 주장은 모든 것은 본래부터 그처럼 존재하는 것이 아니라, 여러 미세한 입자가 모여서 이루어진 것이라는 뜻임을 쉽사리 알 수 있다. 이를 역(逆)으로 본다면, 옥스퍼드대학의 피터 앳킨스(Peter Atkins) 교수가 말한 바와 같이 '공'은 모든 것의 바탕이 되는 것임을 알 수 있게 한다.[16] 곧, 모든 것은 '공'으로부터 비롯됨을 강조한 것이다.

한편, 세계적인 천체물리학자로 알려졌던 영국 케임브리지대학의 스티븐 호킹 교수는 그의 '위대한 설계'(the Grand Design)

---

16 Peter Atkins, Conjuring Universe, 2018, p. 17.

에서 "우리와 우리 주변의 사물들은 상상을 초월할 정도로 많은, 관찰 가능한 우주에 있는 별들보다 더 많은 원자로 이루어진 복합물(複合物)이다. 인간을 비롯한 물건들은 거대한 원자집단(原子集團)인데, 그런 집단의 구성요소인 원자들은 양자물리학의 원리를 따르지만, … 뉴턴의 법칙들은 우리의 일상 세계에 있는 복합물들의 행동을 매우 정확하게 기술하는 유효이론(有效理論)이다."[17]라고 주장함으로써 생물을 포함한 모든 사물의 근본과 현상을 잘 설명하였는바, 그 설명 역시 '공'의 참뜻을 잘 나타내고 있다.

여기에서 다시 분명히 할 것은 '공'이라고 해서 우리가 일상 보는 여러 현상을 부인하는 것이 아니라, 우리가 보는 '것'들의 실체성(實體性)을 부인하는 것이라는 점이다. 우리가 늘 대하거나 쓰는 물건을 비롯하여 모든 형상의 존재는 그대로 인정하되, 그것들은 모두 인연에 따라 여러 인자(因子)가 결합하여 이루어진 것이어서, 그 자체로서의 실체가 없다는 것이다. 그처럼 만들어진 것은 속도에 차이는 있어도 변하고 결국은 사라지고 만다. 그러므로 '공'은 우리가 늘 대하는 현상이

---

17 Stephen Hawking/Leonard Mlodinow(전대호 역), 위대한 설계, 2010, 84쪽.

무(無)라고 하여 그 존재 자체를 부정하는 것이 아니라, 그 본래의 실체가 없음을 분명히 하는 것임을 유의하여야 한다. 곧, 명추회요(冥樞會要)[18]에서 "인연 따라 생겨서 자성이 없을 뿐이므로 '결정코 없다'는 것은 아니다."라고 분명히 밝힌 것과 같다.

'공'은 무(無)가 아니다: '공'을 무(無)의 뜻으로 잘 못 이해하는 예가 있고, 그래서 '공'='무'라고 생각할 수 있으나, '공'과 '무'는 전혀 다른 차원의 것이다. '무'는 아무것도 없다(nothing)는 뜻이나, 엄격히 말하면 이 세상에 진정한 의미의 '무'라는 것은 없다는 것이 정설이다. 혹시, 진공상태(眞空狀態)에는 아무것도 없는 것 아닌가? 라고 반론을 제기할지 모르나, 아무것도 남김이 없이 모든 것을 제거(除去)하고 이른바, 진공(vacuum)의 상태를 만들어도 낮은 수준의 양자장(quantum field)과 전자자력장(electromagnetic field) 및 거기에서 자연히 튀어나오는 입자들은 그대로인 것이고, 이러한 상태가 과학자들이 말하는 진공이라는 것이다. 그래서 갈파드박사는 "이 세

---

18 영명연수선사(永明延壽禪師)의 종경록(宗鏡錄) 백 권의 촬요본(撮要本)이라고 할 수 있는 것으로, 회당조심(晦堂祖心)이 엮어낸 책이다.

상에 아무것도 없는 것과 같은 것은 없다(no such thing as nothing)"라고 단언한 것이고, 일찍이 이를 예측한 네덜란드의 헨드리크 카시미르(Hendrik Casimir)의 이름을 기려 카시미르 효과(Casimir effect)라고 부르게까지 되었음은 널리 알려진 이야기이다. 결국, '공'은 '무'가 아님이 분명한 일이다.[19] 그뿐만 아니라, 아무것도 없는 데에서 무엇인가를 만들어낸다는 것은 아무리 우주의 신비라고 해도 있을 수 없는 일이라는 것은 현대물리학상 공인된 일이다.[20] 한편, 팔천송반야경 제18품을 보면 수부티존자가 부처님께 "세존이시어! '여래께서는 일체법은 빈 것이다.'라고 말씀하셨습니다."라고 말씀드리자, 부처님께서는 "수부티여! 무릇 비어 있는 그것은 또한 무진(無盡)이니라. 비어 있는 성품인 그것은 무량(無量)이니라. 수부티여! 이러한 것들은 단지 말로서, 여래에 의하여 이야기되고 표현되고 있느니라. 이는 교설을 완성하기 위한 설명으로서 여래에 의해 설해지는 것이니라."라고 말씀하신 것을 알 수 있다. 이는 공성(空性)이라는 것도 편의상 붙여진 이름이라는 것이다. 무엇이 '공'하다는 것은 그것이 그것으로서의 실체(實

---

19 Galfard, The Universe in Your Hand, 2015, pp. 217, 218.

20 상게서, p. 230.

體)가 없다는 것이다. 일반적으로 '공'이라는 말은 '없다'(無)라는 뜻으로 이해되기 쉽기 때문에, '공'이란 아무것도 존재하지 않는다는 뜻으로 받아들이는 예가 적지 않다. 그러나 언어(言語)가 오해되는 것은 언어 자체가 실체가 없기 때문이다. 여기에서 말하는 '공'이라는 것은 위에서 본 바와 같이 아무것도 존재하지 않는다는 뜻이 아니다. '공'이란 모든 것은 다양한 조건에 상호의존하기 때문에 조건의 변화에 따라 변하고, 스스로 독립하여 존재할 수 있는 그 자체로서의 실체가 없음을 말하는 것이기 때문에, 그것은 곧 그 존재의 자성(自性)이 없다는 말이다. 그래서 이 자성이 없다는 것은 곧 무아(無我)와 같은 맥락으로 '공'에 연결되는 것이다. 다만, 위에서도 설명한 것처럼 공성(空性)이라는 말도 예컨대 차체(車體), 엔진, 바퀴, 의자 등이 조합된 것을 자동차라고 부르는 것과 같이 하나의 표현에 불과한 것이다. 위에서 부처님께서 설명하신 것도 바로 그러한 뜻이다.

만일 '공'이 무(無), 곧 아무것도 없는 것을 뜻한다고 한다면, 우선 이 지구상의 생물들이 과연 생명을 유지할 수 있을지가 의문이다. 사람을 비롯한 동물은 빠짐없이 숨을 쉬면서 산다. 숨을 쉬지 않고는 단 5분을 견디기 어렵다. 그런데, 숨을 쉰다는 것은 허공이 아무것도 없이 텅 비어 있는 것이 아니라는 것을 실증하는 일이다. 왜냐하면, 들숨을 쉼으로써 허공의 공기를 빨아들여 우리에게 필요한 산소와 에너지 등을 추출하여 혈관(血管)에 공급하고, 날숨을 통해서 필요 없이 된 낡은 공기를 다시 밖으로 내보내는 것이기 때문이다. 우리 눈에는 허공은 아무것도 없이 텅 빈 것처럼 보이지만, 실은 허공은 원자나 극미립자(極微粒子)와 에너지로 꽉 차 있어서, 생물들이 그 속의 필요한 원소나 에너지를 섭취하며 살아갈 수 있도록 하는 것이니, 허공이 문자 그대로 빈 것이 아니라는 것을 쉽게 알 수 있다. '공'이라고 하는 것이 바로 그와 같은 것이다. 빈 듯하지만 꽉 찬 것이 '공'이다. 그래서 무(無)라 하지 않고 공(空)이라고 하는 것이다.

'공'(空)을 '무'(無)와 같은 것, 곧 '공' = '무'라고 한다면 구태여 우리에게 익숙하지 않고 비교적 생소한 '공'을 말할 것이 아니라, 아예 누구에게나 익숙한 '무'라고 하면 될 일이다. '무'란 문자 그대로 "아무것도 없는 상태"를 가리키는 것이고, 그래서 영어로는 nothingness라고 하는 것이 보통이다. 그러나 '무'는 '유'(有)의 대칭(對稱)인 것이고, 그러한 뜻에서의 진정한 '무'라고 한다면 아무것도 없는 상태에서 인연(因緣)을 이유로 해서라도 무엇인가가 생겨난다는 것은 생각할 수 없는 일이다.

그와 달리, '공'은 '유'의 대칭이 아님은 물론, '무'의 상태도 아니다. 그래서 '공'을 영어로는 nothingness와 구별해서 emptiness라고 부른다. '공'은 '유'가 아님은 물론, '무'와도 엄연히 구별되는 개념이다. 사실, 이 세상에는 완전한 의미에서의 "빈 공간"은 존재하지 않는다. 그러면, 왜 중국의 불교계에서는 역사적으로 '공'을 '무'로 표현하는 예가 많았을까? '공'은 원래 범어의 sunya에서 온 말인데, 중국에 불교가 유입되었을 무렵에 중국에는 이미 도교와 유교가 정착한 상태에 있었고, 그 무렵에 인도에서 도입된 범어본(梵語本) 불경의 한역(漢譯)이 이루어짐에 있어 당시 중국에서 널리 쓰이던 전문용어가 많이 활용되었을 것은 부인할 수 없는 일이라고 할 수 있다. 그런데, 당시 도교와 유교에서는 '무'라는 용어가 많이 쓰인 것이 불교계에도 영향을 미치지 않을 수 없었을 것은 쉽사리 짐작할 수 있는 일이라고 하겠다.

다시 말하면, '공'이란 우리의 통상적인 생각과 언어라는 수단을 빌린 설명을 초월한 경지이다. 그래서 모습과 이름의 세계에 갇혀 사는 사람으로서는 그것에 대해서 알 수 없고 느낄 수 없기 때문에, 그들에게는 그것이 아무것도 없는 무(無)로 비치기 쉽다. 말로 표현하고 글로 쓰자니 '공'이라고 하지만, 그것은 언제든지 모습을 드러낼 만큼 생명력으로 충만한 것이고, 그 '텅 빈 충만'이 바로 우리의 몸을 이루어내고 우리의 의식 속에 깃들어 있는 것이다. '공'은 결코 우리와 동떨어진 별개의 세계가 아니다. 궁극적으로는 '공'의 세계와 현상의 세계는 하나다. '공'은 창조되지 않고 스스로 항상 그렇게 존재하는 상태인 데 대해서, 현상은 '공'이라는 산실(産室)에서 꾸며져 나온 일시적이라는 차이가 있을 뿐이다. 그러니, '공'을 제대로 이해하고 체득하려면 우리가 살아가면서 쌓아온 그 알량한 지식과 경험 그리고 거기에서 비롯된 관념을 훌훌 벗어던지고 본래의 청정한 마음 상태가 되어야 한다. 눈이 부시다고 색안경을 끼고는 아무리 애를 써도 제대로의 빛깔을 볼 수 없다. 그래서 '공'의 깊은 원리를 깨달으면 각자(覺者)의 경지에 이르는 것이고, 그렇지 못하면 무명에 가린 범부일 수밖에 없다. 왜냐하면, '공'의 오묘한 원리를 터득(攄得)하고 보면 제법무아(諸法無我)와 제행무상(諸行無常)이 거기에 있고, 중도(中道)와 바로 맞닿기 때문에 자연히 모든 상(相)을 여의게 되는 것이다.

관자재보살은 구경의 지혜를 실행함으로써 오온은 모두 '공'하다는 것을 비추어본 것이다. 다시 말하면, 본래부터 그 스스로 존재하는 실체는 하나도 없고, 모든 것은 인연이 닿아지, 수, 화, 풍이라는 사대가 서로 화합하여 이루어진 일시적인 현상에 지나지 않는다는 것이다. 좋은 예로 물을 들 수 있다. 수소원자 둘과 산소 원자 하나가 결합하여 이루어진 액체인 물이 영하의 온도로 내려가면 고체인 얼음이 되고, 온도가 올라가면 얼음이 녹아 물이 되었다가, 온도가 더욱 올라가면 조금씩 증발하여 기체인 증기로 변하여 올라가는 것과 같은 이치이다. 그러므로 물이라고 고정적으로 내세울 수 있는 실체는 없으나, 그렇다고 아무것도 없는 것도 아니다. 나아가, 우리는 물질을 고체(固體: solid), 액체(液體: liquid) 및 기체(氣體: gas)로 나누어 보는 것이 보통이지만, 이는 상온(常溫)[21]에서의 이야기이다. 그 단단하다는 쇠(鐵)는 고체의 대표적인 예이지만 높은 열을 가하면 녹아 액체로 변하며, 제철소의 용광로에서 흘러나오는 분홍빛 쇳물은 그 예이다. 기체 또한 마찬가지 일이다. 기체를 냉각(冷却)시키면 고체로 변하는 것도 같은 일이다. 모든 것은 조건에 따라 그 형상이 유동적(流動的)이고, 절대적으로 고정된 것은 없다는 것을 잘 나타낸다. 결국, 사람을 포함한 모든 사물은 본래부터 그에 고유한 독자적인 실체(reality)가 없이 연(緣)이 닿아 여러 인자(因子)가 모여 이루어진 일시적인 현상에 불과하고, 그 실체를 추구하여 파 내려가 보

------

21 상온은 보통 섭씨 15도를 가리킨다.

면 분자, 원자를 거쳐 쿼크(quark)와 같은 극미립자(極微粒子)에 이르러 안정된 실체를 파악하기조차 어렵게 된다는 것이니, 마침내 '공'(emptiness)의 지경에 이르는 것이다.

'공'과 현대물리학: '공'은 불교의 종교적 관념의 테두리 안의 것인가? 이 분야에 관한 현대물리학의 입장은 어떤 것인지를 간단히 살펴볼 필요가 있을 것 같다. 미국 캘리포니아 버클리대학(UC. Berkeley)의 물리학 교수인 카프라(Fritjof Capra)는 그의 '현대물리학과 동양사상'(the Tao of Physics)에서 "공(空)은 단순한 무(無)로 생각되어서는 안 된다. 오히려 그것은 모든 형태의 근본이며 모든 생명의 원천이다. 불교도들은 그들의 궁극적인 실재를 수냐타(sunyata), 공(emptiness)이라고 부르며, 환상적인 세계에서의 모든 현상을 일으키는 것은 바로 이 살아 있는 '공'이라고 확언한다. 동양신비주의의 공은 쉽게 아원자물리학의 양자장(量子場)과 비교될 수 있다. 양자장처럼 그것은 한없이 다양한 현상을 낳으며, 그것을 보존하면서 결국 다시 거두어들인다."라고 말한 다음, "양자론은 우주의 근본적인 전일성(全一性)을 들어내 주었다. 그것은 독립적으로 존재하는 최소의 단위로 이 세계를 분해할 수 없다는 것을 보여주었다. 물질을 뚫고 들어가 보면 볼수록 자연은 어떤 독립된 기본적인 구성체를 보여주지 않고, 오히려 전체의 부분들 사이에 있는 복잡한 그물의 관계를 나타낸다."라고 주장하여 [22] '공'의 경지를 과학적으로 극명하게 설명하였다.

'공'이라고 하는 것은 앞에서도 설명한 것처럼 '텅 비어' 있어 아무것도 존재하지 않는다는 것이 아니라, 모든 것은 그 자체로서 본래부터 고유한 실체가 있는 것이 아니라는 뜻으로 새겨야 한다. 얼마 전에 작고(作故)한 스티븐 호킹 교수는 앞에서 본 그의 저서에서 "양자중력이론(quantum theory of gravity)에 의하면, '빈 공간(空間) 따위는 없다'는 것이다. 왜냐하면 공간이 비었다는 것은 장(場: field)의 값과 그 변화율(變化率)이 둘 다 정확히 0임을 뜻하는데, 불확정성원리(不確定性原理)는 장의 값과 그 변화율이 둘 다 정확하게 결정되는 것을 허용하지 않기 때문이다. 따라서 공간은 절대로 비어 있지 않다. 공간은 진공이라는 최소 에너지 상태에 있을 수는 있지만, 그 상태는 이른바 양자동요(量子動搖: quantum jitter), 곧 진공요동(眞空搖動: quantum fluctuation)을 겪는 상태인 입자들과 장들이 진동하듯이 생겨나고 사라지는 상태이다."라고[23] 분명히 설

22 Pritjof Capra, The Tao of Physics, 감용정/이성범 공역, 현대물리학과 동양사상, 2006, pp. 98, 277쪽.

23 Stephen Hawking, 상계서, pp. 142, 143.

명함으로써, 진공(眞空)이라는 것도 아무것도 없이 텅 빈 공간이 아님을 단언하였다. 특히, 영국 왕립학회(Royal Society) 회장을 역임하고 케임브리지 대학이 자랑하는 천체물리학 교수로고 스티븐 호킹스와 쌍벽을 이룬 마틴 리스(Martin Rees)경이 최근 출간된 그의 저서 '미래: 인류에 대한 전망'(On the Future: Prospects for Humanity)에서 대형강립자충돌기(LHC)의 가공할 위험성을 지적하면서 "물리학자들이 '진공'이라고 부르는 빈공간은 단순한 '무'(Nothingness) 이상이다. 그곳은 모든 일이 일어날 수 있는 무대이다."라고 하면서, "그 안에 물리적 세계를 지배하는 모든 힘과 입자가 잠재돼 있다."[24]라고 분명히 밝힌 점을 유의할 필요가 있다. 이는 '진공'이라는 상태는 결코 '무(無)'가 아님을 강조한 것이기 때문이다.

한편, 양자중력장(Field of Quantum Gravity)이론으로 유명한 칼를로 로벨리(Carlo Rovelli) 교수는 한 걸음 더 나아가 "물리이론은 사물을 존재하는 '것'(beings 또는 are)으로 보지 않고 어떻게 그 일이 일어났는지(occur), 곧 관계 속의 사건(event)으로 보며, 그것이 다른 것과 어떻게 상호작용(相互作用)하는지에 중점을 둔다."라고 단언(斷言)한다.[25] 우리나라의 김성구 교수도 "세

24 Martin Rees, On the Future: Prospects for Humanity, 2018, p.112.
25 Rovelli, Reality is Not What It Seems, 2017, pp. 134, 135.

상에는 무엇이 존재하는 것처럼 보인다. 그러나 그것은 착각이다. '어떤 것(things)'이란 존재하지 않으며, 단지 서서히 변하는 것과 빨리 변하는 것과의 차이가 있을 뿐이다. 따라서 우주에는 물체(object)와 과정(process)이 존재하는 것이 아니다. 빠른 과정과 느린 과정이 있을 뿐이다."[26]라고 하여, 우리가 일상 보는 '것'들은 실체성을 갖는 개개의 물체라고 할 '것'이 없고 연속되는 과정 속의 '사건'(event)으로 본다. 여기에 우리는 '공'의 이론이 불교의 종교적 관념에 그치는 것이 아니라, 현대물리학의 입장과 궤(軌)를 같이하는 것임을 알 수 있다.

아무튼, '공'은 아무것도 없이 텅 비었다는 뜻이 아니라, 모든 망상과 집착이 없어진 공이지만, 반야의 지혜로 채워진 불공(不空)인 것이다. 이러한 '공'의 이치를 터득함으로써 사람의 고질인 '나'라는 고정관념에서 벗어날 수 있다. 사람들은 실체도 없는 '나'라는 관념에 큰 의미를 부여한 나머지 '나'라는 것이 그 자체로서의 실체가 있는 것으로 잘못 알고, 모든 일을 그 '나'를 기준으로 분별하고 생각한다. 나, 내 몸, 내 명예, 내 재산, 내 가족, 내 집, 내 고향, 내 나라 등과 같이 '나' 없이는 아무것도 인정하려 하지 않는다. 그러나 '나'에 관한

---

26 김성구, 아인슈타인의 우주적 종교와 불교, 2018, 27쪽.

것 가운데 가장 소중하게 생각하는 '내 몸'도 인연에 따라 수백억 개의 세포가 모여서 된 것이고, 길든 짧든 상관없이 결국은 한 줌의 흙으로 돌아가고 만다는 것은 동서고금의 진리이다. 그래서 불법(佛法)을 배우는 첫걸음은 '공'을 바로 아는 일이라고 하는 것이다.

공과 무아: 이쯤에서 '공'과 '무아'(無我)와의 관계를 간단히 살펴볼 필요가 있다. 불교의 표지(標識)라고 할 수 있는 삼법인(三法印)의 하나가 바로 제법무아(諸法無我)임은 누구나 아는 일이다. 제법무아란 존재하는 모든 것은 본래 그 자체로 고유한 실체가 없다는 것이다. 이를 무자성(無自性)이라고도 한다. '무아'라는 것은 일부에서 잘못 이해하고 있는 것처럼 '나'라는 것이 전혀 존재하지 않는다는 뜻이 아니라, '나'라는 것은 그 자체로 고유한 정체성(正體性)을 가지는 것이 아니라는 뜻으로 새겨야 한다. 여기에서 '나'란 사람이 스스로 자기를 나타내는 뜻으로 쓰는 1인칭(人稱)으로서의 '나'에 국한되는 것이 아니라, 모든 것을 그 자체의 입장에서 표현한 것이다.

부처님께서는 설법초기(說法初期)에 '공'이라는 용어를 별로 쓰지 않고, '무아'라는 말을 많이 쓰셨다. 왜냐하면, 부처님 당시 인도를 지배하던 브라만교(Brahmanism)를 비롯한 외도(外

道)들은 상주실재(常住實在)하는 '나' [我: Atman]라는 존재를 믿었기 때문에, 그 당시 사람들의 입장에서 이해하기 쉬운 것은 새로운 '공'이라는 말보다는 기존의 '나'의 실재와 대치시켜서 설명하는 것이었음은 쉽게 짐작이 간다. 부처님께서는 바라나시 교외의 녹야원에 계실 때, 다섯 비구에게 "물질에는 '나'가 없다. 만약 물질에 '나'가 있다면 물질에는 응당 병과 괴로움이 생기지 않을 것이고, 또한 물질에 대하여 이렇게 되었으면 한다든가, 이렇게 되지 않았으면 하고 바랄 수 없을 것이다. 물질에는 '나'가 없기 때문에, 물질에는 병이 있고 괴로움이 생기는 것이요, 또한 물질에 대하여 이렇게 되었으면 한다든가, 이렇게 되지 않았으면 하고 바라게 되는 것이다. 느낌, 생각, 뜻함, 의식도 또한 그와 같으니라."라고 말씀하셨음이 잡아함의 오비구경(五比丘經)[27]에 전해 온다. 여기에서 말씀하신 뜻은 모든 물질은 본래부터 그 스스로의 고유한 실체로서 존재하는 것이 아니라, 인연에 따라 사대(四大), 곧 여러 인자(因子)가 모여서 일시적으로 만들어진 것에 지나지 않는다는 것이다. 초기경전을 보면 '무아'라는 표현을 많이 쓰셨는데,

---

27 잡아함 2: 34. 잡아함 1: 23 라후라소문경(羅睺羅所問經)에도 비슷한 내용의 가르침이 보인다.

시간이 흐르면서 '공'과 '무아'를 함께 쓰신 예도 보인다. 위의 설명에서도 알 수 있듯이 '무아'와 '공'은 같은 맥락의 것이다.

'무아'에 갈음하여 '공'이 부각되게 된 것은 대승경전, 특히 초기대승경전인 반야부경전이 나오면서부터인데, 반야부경전 가운데에서도 비교적 초기의 것인 금강경이 '공'의 사상을 바탕에 깔고 있는 것이라고 하지만, 정작 '공'자(空字)는 하나도 보이지 않는 것은 아직 '공'의 개념이 확립되기 전이기 때문으로 보는 것이 보통이다. '공'의 정의를 적극적으로 정립한 것은 나가르쥬나(Nagarjuna: 龍樹)라고 할 수 있는데, 이는 나가르쥬나가 그의 중론(中論) 제24 관사제품(觀四諦品)에서 "인연으로부터 발생하지 않는 존재는 단 하나도 없다. 그러므로 일체의 존재는 공 아닌 것이 없다."[28]라고 한 부분을 통해서도 알 수 있다. 그러니, 초기경전에서 볼 수 있는 '무아'와 후기경전에서 일반적으로 쓰인 '공'은 실질적으로 같은 것이라고 할 수 있다. 구태여 말한다면, '무아'는 연생법(緣生法)을 무상(無常)이라는 것에 주안점을 둔 것인데 대하여, '공'은 연생

---

28 未曾有一法 不從因緣生 是故一切法 無不是空者: 용수보살저, 청목 석, 구마라집 한역, 김성철 역주, 중론, 2005, 414쪽.

법을 조건의존성(條件依存性)의 관점에 치중하여 본 데에 뉘앙스를 엿볼 수 있을 뿐이다.

우리가 '나'라고 생각하는 이 몸과 마음은 오온의 일시적인 화합으로 이루어져 있는 것에 불과하고, 그 자체로서 고유하고 독자적인 실체를 인정할 만한 것은 아무것도 없다. 이것을 인무아(人無我)라고 한다. 우리가 '나'라고 내세우는 자신을 살펴보자. 우리의 몸은 안에 오장육부(五臟六腑)와 피를 비롯한 여러 혐오스러운 물질로 가득한 것을 여러 모양과 크기의 뼈로 모양을 꾸려 살 껍질로 보기 좋게 포장해 놓은 것에 불과하다. 그러니, 우리가 내 몸이라고 부르는 것의 실체가 따로 있는 것이 아니라, 수많은 장기(臟器)와 뼈 및 근육 등이 합쳐져 구성된 것에 지나지 않을 뿐 아니라, 그것들 또한 사대(四大), 곧 고체인 지(地), 액체인 수(水), 에너지인 화(火) 및 기체인 풍(風)이 결합하여 만들어진 것에 불과하다. 그렇기 때문에, 의료기술이 발달한 오늘날에는 장기에 심각한 병이 나면 남의 장기(臟器)나 인공장기(人工臟器)로 장기이식(臟器移植)을 한다거나, 손이나 다리가 절단된 경우에 의수(義手)나 의족(義足)으로 가름하는 것을 볼 수 있는데, 이는 우리의 몸이 본래 그 자체로서 고유한 실체가 있는 것이 아님을 여실히 보여주는 예라고 할 수 있다. 자동차의 엔진 밸브에 이상이 생기면 밸브를

갈아 끼우고 배터리가 다 되면 다시 충전하며 타이어가 닳거나 파열되면 새로운 타이어로 갈아 끼우는 것과 본질적으로 다를 것이 없다. 그러므로 '나'라고 내세울 만한 실체는 어디에도 따로 있는 것이 아니어서, 아무리 사대를 분해하고 오장육부를 뜯어보아도 '나'라는 실체를 찾을 수 없다. 이러한 상태가 곧 '인무아'(人無我)인 것이다.

그뿐만 아니라, 우리가 느낄 수 있는 만상(萬像)도 상주실재(常住實在)하는 것이 아니라 실은 인연의 화합으로 생긴 가법(假法)에 지나지 않는다는 것을 '법무아'(法無我)라고 한다. 다시 말하면, 이 세상의 모든 것은 본래부터 그와 같이 존재하는 실체가 아니라, 인연이 닿아 여러 극미립자(極微粒子)가 모여서 일시적으로 이루어진 것이고, 따라서 그와 같은 존재는 차츰 변하여 언젠가는 반드시 와해(瓦解)되어 원상으로 돌아간다는 것이다. 그와 마찬가지로, '공'이라고 할 때도 위에서 본 '무아'의 경우에 대응하는 개념으로 인공(人空) 또는 아공(我空)과 법공(法空)을 말하는데, 이 점을 보더라도 '무아'와 '공'의 관계를 쉽사리 알 수 있는 일이다.

'공'은 바로 불교의 핵심이다. 관자재보살은 깊고 신묘한 반야의 지혜를 실행하면서, 오온, 곧 모든 것은 '공'한 것임을 비추어 본 것이다. 그러나 '공'은 말이나 글로 이해될 수 있는 것이 아니라, 마음으로 느껴야 하는 대목이다. 그래서 금강경[29]에서도 '공'[30]의 이치에 통달(洞達)한 사람을 참 보살이라고 한다고 한 것이다. 이통현장자(李通玄長者)가 신화엄경론(新華嚴經論)[31]에서 "대승이란 공을 관하고 아상을 깨뜨리며 육바라밀을 행하는 것이다."[32]라고 하여 '공'의 중요성을 강조한 것도 위에 든 금강경의 구절과 같은 맥락에서의 것이라고 할 수 있다.

보는 '것'은 모두 허상이다: 금강경에 보면 "모든 곳에 모습이 있으나 모두 허망한 것이니, 만약 모든 모습이 모습이 아니라고 보면 바로 여래를 보리라"(凡所有相 皆是虛妄 若見諸相非相 卽見如來)라고 하여,[33] 우리가 일상 보는 여러 현상은 모두 실상(實相)이 아닌 허망한 것임을 분명히 하였다. 이는 위에서 살펴본 바와 같은 '공'의 참뜻을 극명하게 밝힌 것으로, 현대과학에서 보는 물질관과 상통하는 것임을 알 수 있다. 곧, 사람들이 어떤 '것'으로 보는 것은 사실은 그러한 '것'이 있는 것

---

29 제17분.
30 무아(無我)와 공(空)은 표현이 다를 뿐 같은 내용이다.
31 정확한 이름은 略釋 新華嚴經論이다.
32 大乘者 但觀空破我行六波羅蜜.
33 金剛經 第五 여리실견분(如理實見分).

이 아니라 연속되는 여러 과정 속의 한 사건에 지나지 않는 것을 미시적(微視的)으로 '사건'의 단면(斷面)을 잘라서 보는 것에 지나지 않는 것이어서, 그렇게 보는 '것'은 허상(虛相)에 지나지 않는다는 것이다. 오죽하였으면 카를로 로벨리(Carlo Rovelli) 교수 같은 저명한 양자물리학자가 그의 저서의 이름을 앞의 각주에서 본 바와 같이 "실체는 그것처럼 보이는 것이 아니다"(Reality is not what it seems)라고 하였겠는지 짐작이 간다. 그는 위의 책에서 "실체(reality)는 관계의 연결망(network of relation) 이지, 개별적인 물체가 아니다."[34]라고 분명히 밝힘으로써 우리가 일상 대하는 것들은 실체가 아닌 허상임을 분명히 하고 있다.

'공'의 이론과 같이 모든 것은 본래부터 그러한 실체를 가지고 존재한 것이 아니라, 인연에 따라 여러 인자(因子)가 모여 이루어진 것에 지나지 않기 때문에 변하고 결국은 사라져 본래의 공의 상태로 되돌아가지 않을 수 없다. 그러니, 어떠한 '것'(thing)처럼 보이는 것은 실은 우주 만상(萬象)이 서로 어울려 생주이멸(生住異滅)하는 일련의 과정 가운데 한 토막에 불과한 것이라고 할 수 있다. 그러므로 이 '공'은 서로의 관계성과

---

34 Rovelli, ibid., p. 254.

의존성을 나타내고, 용수보살(龍樹菩薩)이 중론에서 밝힌 대로 바로 중도(中道)로 통하는 것임을 알 수 있다.

앞에서 본 바와 같이 모든 사물은 인연이 닿아 여러 원자로 이루어져 있다는 것을 부정할 사람은 없을 것이다. 이와 같이 본다면, 영국의 석학 리처드 도킹(Richard Daukins) 박사가 밝힌 바와 같이 우리가 고정적인 물질처럼 보거나 느끼는 것도 실은 원자핵이나 전자에 지나지 않음을 인식할 필요가 있다. 왜냐하면, 원자는 그 자체가 하나의 입자(粒子)가 아니라 그 속이 거의 빈 공간으로, 그 빈 공간에 원자핵(原子核: nucleus)이 있고 그 둘레를 빠른 속도로 전자(電子: electron)가 돌고 있는 것이어서, 우리가 보는 물질이라는 것도 그 구성인자인 원자나 원자핵의 단계로 내려가면 물질(matter)과 공간(space)의 구분 자체가 무의미(無意味)해진다고 할 수 있기 때문이다.[35] 그러므로 근본을 추구(追究)해보면 '공'이요, 그 '공'에서 생성(生成)된 구성물(構成物)이 물질에 불과한 것이다. 여기에 우리는 과학적 측면에서도 뚜렷해진 '공'의 모습을 엿볼 수 있다.

그런데, 우리가 '보는 것은 허상(虛像)'이라고 말하면 사람들은 분명히 내 눈으로 보고 내 손으로 만지는데 그것이 어찌

---

35 Richard Dawkins, The Magic of Reality, 2012, pp. 88, 89.

허상일 수 있는가? 라고 반문하는 예가 많을 것이다. 그러나 무엇인가를 본다는 것은 보는 사람, 곧 관찰자(觀察者)와 보이는 것, 곧 관찰대상(觀察對象)이 있어, 그 관찰자가 관찰대상을 관찰하는 것이다. 그런데, 관찰자는 언제나 누구나가 동일한 것이 아니고, 보는 이의 생각과 보는 상태, 곧 보는 조건이 모두 다르기 마련이다. 한편, 모든 것은 한때도 쉬지 않고 변하고 있다. 우선 관찰자인 사람 스스로의 세포가 매 순간 수십만 개씩이 죽고 새로 생겨나기를 거듭하고 있으니, 십 분 전의 '나'와 지금의 '나'는 완전히 같을 수 없다는 것은 당연한 일이다. 그러니, 관찰한 바가 언제나 누구에게나 같을 수 없음은 물론, 모든 것이 매 순간 변하고 있어 엄격히 말하면 같은 것이란 있을 수 없고, 조금 전에 본 것은 이미 없어진 것임을 쉽사리 알 수 있다. 곧 허상인 것이다.

우리에게 '공'은 무엇인가?: 앞에서 '공'이란 무엇인지를 살펴보았다. 곧, 관자재보살께서 깊은 반야바라밀다를 행할 때에 비추어 보신 오온의 '공'한 모습을 챙겨본 것이다. 그래, 오온이 그처럼 '공'한 것이면 어쨌다는 것인가? 그러한 '공'이라는 것은 우리에게 과연 무슨 의미가 있는 것인가?

'공'은 이 세상의 어느 것 하나 본래부터 그 스스로 고유하게 존재하는 것은 없고, 인연이 닿아 여러 인자(因子)가 화합하여 만들어진 것에 불과함을 나타내는 것이라고 했다. 그렇기 때문에, '공'은 바로 위에서도 본 바와 같이 무아(無我)로 통하고, 무아이기 때문에 시간이 흐르면 변하고 망가져 사라지지 않을 수 없는 것, 곧 무상(無常)과 연결되며, 엄연히 있던 것이 변하고 사라지니 그것을 여러모로 경험하는 사람으로서는 고뇌(苦惱)에 차지 않을 수 없는 것이다. 결국, '공'은 불교의 삼법인(三法印)인 무아, 무상과 고를 함축하고 있는 개념임을 알 수 있다.

우선, '나'라고 내세울 실체가 있는 것이 아니라는 '공'의 관념에 투철하다면 그 '나'라는 것의 존재를 전제로 매달리는 탐욕과 '남'에 대한 질투나 성냄으로부터 쉽게 벗어날 수 있어 우리는 번뇌(煩惱)의 늪을 쉽사리 피해 갈 수 있을 것이다. 나아가, '공'의 관념에 투철하다면 '나'라고 내세울 만한 실체가 없다거나, '너'라고 시기하고 배척할 실체가 없다는 것을 쉽게 이해함으로써 당연히 사상(四相), 곧 아상(我相), 인상(人相), 중생상(衆生相) 및 수자상(壽者相)으로부터 벗어날 수 있게 된다. 그뿐만 아니라, 이 세상에 고정불변(固定不變)의 것은 없다는 것을 알기 때문에, 고정관념(固定觀念)에서 자유로울 수 있고, 늘 유연(柔軟)한 마음가짐을 유지할 수 있어 바로 중도(中道)로 통하게 된다. 자유인(自由人)이란 따로 있는 특별한 사람이 아니라, 마음이 어디에도 매이지 않고 유연한 사람을 가리키는 것뿐이다. 그러므로 '공'의 관념은 우리 마음의 담벼락을 헐어내고 어디에도 매이지 않은 훤칠하게 트인 마음을 보장해 줄 수 있는 유일한 수단이라고 할 수 있다. 구름 한 점 없이 툭 트인 푸른 하늘을 보고 있노라면 처음과는 달리 차츰 그 푸름 속에 가득한 무엇인가를 느끼는 수가 많다. 그 없는 듯 하면서도 있는 듯한 것이 바로 '공'이요, 우리의 삶 그 자체임을 알 일이다. 결국 '공'은 바로 우리 사고(思考)의 기반이요, 존재의 본질임을 쉽사리 이해할 수 있다.

한편, '공'은 이 세상의 모든 현상은 그 자체로서 독자적(獨自的)인 실체가 있는 것이 아니라, 인연에 따라 우주의 여러 인자(因子)가 모여서 된 것이기 때문에, 태어남부터 주변의 여러 요소와의 관계 속에서 생겨나고, 그의 유지를 위해서 주변의 모든 것에 의존하지 않을 수 없음을 쉽사리 알 수 있다. 곧, 사람을 포함한 우주의 만상(萬象)은 그 존재를 이어가는 동안 수없이 많은 주변의 도움을 받지 않을 수 없는 것이어서, 만물의 상호의존관계(相互依存關係)와 그 상호관계성(相互關係性)을 한 때도 부인할 수 없다. 우선, 사람이 태어나서부터의 삶만 요약하여 보아도 쉽게 이해할 수 있다. 먼저, 사람은 먹어야 산다. 갓난아이가 태어나면 누가 시키거나 가르친 것도 아닌데 눈도 제대로 뜨기 전에 곧 어머니의 젖꼭지를 찾는다. 어머니는 자기도 살고 갓난아이에게 젖을 먹이기 위해서도 음식을 섭취하여야 한다. 갖가지 음식을 들지만 우선 쉽게 대표적인 것으로 밥만을 예로 들어보자. 밥을 짓기 위한 쌀은 농부가 이른 봄에 논의 한구석을 잘 다듬고 물을 채워 못자리를 만들고 볍씨를 뿌려, 볍씨의 싹이 트고 적당한 길이로 자라면 곧 논에 모내기를 한 다음, 정성껏 물을 대고 잡초를 뽑아주며 가꿈으로써 충실하게 벼가 여물고, 가을바람이 일기 시작하면 추수(秋收)를 하여 적당히 말린 다음 도정(搗精)을 함으로써 비로소 쌀이라는 것을 얻게 된다. 그러나 그것만이 아니다. 농부가 아무리 열심히 농사를 지으려 해도 자연의 협력이 없으면 모든 일은 허사가 된다. 곧, 태양으로부터의 햇빛이 비치고 적당한 온도가 유지되어야 함은 물론, 적당히 비가 내림으로써 논에 물이 고여야 한다. 어디 그뿐인가? 쌀이 생산되어도 그것이 우리의 부엌에 들어와야 한다. 다시 말하면, 농부가 생산한 쌀은 여러 유통과정(流通過程)을 거쳐 우리의 손에 들어온다. 이 간단한 한 가지 예만 보아도 우리의 삶이라는 것이 주변의 헤아릴 수 없이 많은 것들로부터 얼마나 많은 도움을 받고 의지하면서 이루

어지는 것인지를 알 수 있다. 결국, 우리는 매 순간 주변 사람
을 비롯한 헤아릴 수 없이 많은 것들에 의존하고 관계를 맺는
가운데 그 삶을 유지함을 알 수 있다. 이 상호의존관계와 관계
성의 바탕을 바로 '공'에서 찾아볼 수 있는 것이고, 이는 곧 부
처님께서 강조하신 중도(中道)의 가치를 여실히 보이는 것이다.
미국 버클리대학의 양자물리학 교수인 카프라(Fritjof Capra)가
"우주는 따로따로 떨어진 '것'들의 총합(總合)이 아니라 조화롭
고 역동적(力動的)인 관계의 그물들로 이루어진 과정(過程:
process)으로 보아야 한다."[36] 라고 한 것도 위에서 말한 상호의
존성과 관계성을 잘 설명한 것이라고 할 수 있다.

그러나 유의할 것은 '공'에도 매이면 안 된다는 점이다. 사
람은 무엇인가를 생각하면 그에 매이는 것이 예사이나, 그것
이 무엇이 되었든 집착은 비워버릴 대상이다. 그래서 유일(有
一)대사는 추월(秋月)대사의 삼공게(三空偈)를 차운(次韻)한 게송
(偈頌)[37]을 읊어 '공'이 아무리 진리일망정 그것조차 비워내야
참된 '공'[眞空]이라고 한 것이다.

---

36 Capra, Turning Point, 1988, pp. 47, 78.
37 "십 년 동안 숲속에 앉아 '공'을 살펴보아, 마음이 '공'하고 법도 또한
'공'함을 알았네. 마음과 법이 함께 '공'함은 아직 궁극에 이르지 못함이
요, '공' 또한 '공'한 다음에 비로소 참 '공'이로다."(十年林下坐觀空 了
得心空法亦空 心法俱空猶未極 俱空空後始眞空.)

도일체고액(度一切苦厄)

관자재보살은 깊은 반야의 지혜를 행할 때 오온이 모두 공함을 비추어 보고, 드디어 모든 고액에서 벗어났다고 한다. 모든 괴로움과 재난에서 벗어났다는 것은 과연 무엇을 뜻하는가?

도: '도'(度)에는 여러 가지 뜻이 있지만, 흔히 건널 도(渡: '건널 도'라고도 한다)자와 같은 뜻으로 쓰이는데, 여기에서의 쓰임도 그에 해당한다. '건너다'라는 것은 '벗어난다'는 의미도 된다. 무엇을 건너고 무엇에서 벗어나는가 하면 바로 인생에 있어서 가장 큰 일이라고 할 수 있는 고액(苦厄), 곧 괴로움과 재난을 건너고 벗어났다는 말이다. 불교를 믿고 수행하는 목표는 해탈(解脫)을 이루고자 함에 있다. 흔히 인생고해(人生苦海)라고 하여 인생을 괴로움의 바다에 비유하지만, 바로 그 괴로움의 바다를 건너 괴로움의 바다에서 벗어나게 하는 것이 불교의 근본 목적이다. 그래서 부처님께서 깨치신 후 바라나시 교외의 녹야원에서 초전법륜(初轉法輪), 곧 처음으로 다섯 비구에게 법 바퀴를 굴려 가르치신 것이 사성제(四聖諦)인 것이고, 사성제는 바로 사람들이 당하고 있는 괴로움의 원인을 밝혀 그 괴로움에서 벗어나는 길을 가르치신 내용이다.

여기에서의 '도'는 관자재보살이 일체의 고액을 건넜다는 의미와 함께, 중생들이 모든 고액에서 벗어나도록 건네준다는 뜻을 함께 지니고 있다. 다시 말하면, 스스로 고액에서 벗어나고 또한 중생을 제도(濟度)한다는 의미에서의 '도'이다. 그런데 관자재보살은 오온이 모두 공함을 비추어 봄으로써 모든 고액을 벗어났다. 관자재보살이라고 해서 그냥 일체의 고액을 건너뛴 것이 아니라, 오온, 곧 모든 것이 '공'함을 비추어 봄으로써 일체 고액에서 벗어나게 되었다. 그러므로 고액에서 벗어나려면 먼저 앞에서 본 '공'의 이치를 체득해야 한다.

일체고액: 고액(苦厄)이란 고뇌(苦惱), 곧 괴로움과 재액(災厄), 곧 뜻하지 않은 재난과의 합성어이다. 사람의 삶은 괴로움의 연속이라고 해도 과언이 아닌데, 그 괴로움은 밖에서 누가 가져다주는 것이 아니라 스스로의 마음이 만들어낸다. 마음이 의식하지 못한다면 아픔도 없고 괴로움도 느낄 수 없는 것이다. 그러므로 괴로움은 내적(內的)인 마음의 현상이라고 할 수 있다. 그에 대하여, 재난은 다분히 외적(外的)인 현상이라고 할 수 있다. 뜻하지 않은 수해(水害)를 입거나 가을 태풍으로 다 지은 농사에 큰 타격을 입거나 뜻하지 않은 교통사고를 당하는 것 등은 그 예라고 할 수 있는데, 그러한 재액도 결국은 괴로움으로 귀착된다. 관자재보살이 벗어났다는 '고액'은 내부

적인 것이거나 외부적인 것이거나를 가릴 것 없이 모든 괴로움을 포괄하는 것이다. 그러한 뜻에서 '일체'를 붙인 것이다.

고액, 곧 괴로움과 재난은 터무니없이 생기는 것이 아니라 상당한 원인이 있어 생겨난다. 사성제(四聖諦) 가운데 고집성제(苦集聖諦)에 의하면 괴로움은 탐진치(貪瞋癡)라는 삼독(三毒)이 주된 원인이 되어 일어나는데, 그 가운데에서도 탐욕이 주범(主犯)임을 알 수 있다.[38] 원래, 탐욕이란 '나'와 '내 것'이라는 관념에서부터 비롯된다. '나'와 '내 것'이라는 고정관념만 버리고 나면 탐욕이나 화를 낼 바탕이 없어지고, 그러면 괴로움의 원인이 사라지게 되는 것이다. 위에서 본 바와 같이 오온, 곧 물질과 정신이 모두 '공'하다는 이치를 터득하면 '나'를 비롯한 모든 것이 실체(實體)가 없다는 것을 이해함으로써 괴로움의 원인이 스스로 사라지기 마련이다. 관자재보살이 오온이 모두 '공'함을 비추어 보고 일체의 고액에서 벗어났다는 것도 바로 그러한 뜻이다. 괴로움을 벗어나는 첩경은 '공'의 이치를 제대로 체득하는 것이다.

잡아함의 기림경(祇林經)[39]에 의하면 부처님께서 제자들에

---

38 사성제(四聖諦)에 관한 자세한 설명은 졸저(拙著) "괴로움에서 벗어나는 길", 2010, 해조음, 97~114쪽 참조.

39 잡아함 10: 269.

게 오온이 모두 '공'한 것임을 가르치신 것을 볼 수 있다. "모든 물질로서 과거거나 미래거나 현재거나, 안이거나 밖이거나, 거칠거나 가늘거나, 좋거나 추하거나, 멀거나 가깝거나 그 일체는 '나'가 아니요, '다른 나'도 아니며, '그들의 합한 것'도 아니다. 이와 같이 느낌, 생각, 뜻함, 의식으로서 과거거나 미래거나 현재거나, 안이거나 밖이거나, 거칠거나 가늘거나, 좋거나 추하거나, 멀거나 가깝거나 그 일체는 '나'가 아니요, '다른 나'도 아니며, '그들이 합한 것'도 아니다. 그러므로 거룩한 제자는 이 오온은 '나'나 '내 것'이 아니라고 관찰한다. 이와 같이 관찰할 때에는 모든 세간에 대하여 잡고 집착할 것이 없고, 잡고 집착할 것이 없으면 스스로 열반을 얻는다."라고 가르치신 것이 곧 그것이다. 결국, '공'의 관념에 철저하여 이 세상의 어느 것 하나 본래부터 그에 고유한 실체는 없고, 모두 인연이 닿아 여러 요소가 모여 이루어진 것에 지나지 않음을 통찰하게 되면 자연히 모든 괴로움에서 벗어나게 된다는 것이다.

3 색불이공 공불이색

舍利子 色不異空 空不異色 色卽是空 空卽是色
사 리 자 색 불 이 공 공 불 이 색 색 즉 시 공 공 즉 시 색

受想行識 亦復如是
수 상 행 식 역 부 여 시

●

사리자여!
색은 공과 다르지 않고 공은 색과 다르지 않으며,
색이 곧 공이고 공이 곧 색이니라.
수상행식 또한 그와 같으니라.

여기서는 앞에서 본 '오온개공'의 내용을 '오온' 하나하나와 '공'과의 관계를 구체적으로 풀어 설명한 부분이다. 공이라고 하면 마치 아무것도 없이 텅 빈 것을 뜻하는 것으로 오해할 염려가 있기 때문에, 먼저 공이라고 해서 아무것도 없이 텅 빈 것이 아니고, 그렇다고 뚜렷이 무엇이 있는 것도 아니라는 것을 이모저모로 설명한 것이다.

사리자(舍利子)

이 경은 관자재보살이 사리자에게 설한 것이므로 먼저 사리자에 대해서 알아볼 필요가 있다.

사리자는 여러 불경에 자주 그 이름이 올라 많은 사람에게 매우 친숙한 아라한(阿羅漢)의 한 분이다. 그는 부처님의 10대 제자 가운데 한 분으로, 지혜제일(智慧第一)로 알려진 분이다. 그는 마가다국 날란다(Nalanda)의 큰 부자 바라문 집안 출신으로 베다 경전과 천문지리에 두루 깊은 지식을 가져 그의 총명함이 널리 알려졌는데, 육사외도(六師外道)의 하나인 산자야 벨라티풋타(Sanjaya Belatthiputta)의 수제자였다. 그러나 그는 스승의 교리인 궤변론(詭辯論)과 회의설(懷疑說)에 의문을 품고 참으로 사사(師事)할만한 스승을 찾아 천하를 주유(周遊)하고 있었다. 하루는 마가다국의 수도 라지기르(Rajgir)의 거리를 걷던

중, 우연히 부처님의 최초 다섯 제자 중 한 사람인 아슈바지트
(Asvajit: 馬勝)가 단정하고 조용하면서도 위의(威儀)가 당당하게
거리를 지나고 있는 것을 보고, 그는 필경 훌륭한 스승의 가르
침을 받고 있는 사문(沙門)으로 생각하고, 곧 다가가서 "당신은
누구의 제자이고, 스승은 무엇을 가르칩니까?"라고 물었다.
그러자, 그 사문은 "나의 스승은 샤카무니인데, 그는 일체법
(一切法)은 인연(因緣)으로 생기고 인연 까닭에 소멸하는 것이라
고 가르치십니다."라고 대답하였다. 사리자는 '인연'이라는
한 마디에 눈이 번쩍 띄어 그 길로 그의 절친한 친구인 목갈라
아나(目犍連)와 산자야의 제자 가운데 뜻을 같이하는 약 250명
과 함께 부처님을 찾아가 귀의하고 개종하였다. 사리불은 부
처님보다 연상이어서 부처님에 앞서 입적(入寂)하였는데, 입적
하기에 앞서 바라문이던 그의 어머니를 제도하여 불자가 되
게 한 것은 유명한 이야기이다. 날란다대학의 유적에는 매우
웅장한 사리불의 탑이 그 모습을 전해오고 있다.

　'사리자'라는 이름은 그의 어머니가 루파샤리(Rupasari)였기
때문에, 그의 아들(putra)이라고 해서 '샤리의 아들', 곧 샤리푸
트라(Sariputra)라는 이름이 붙여졌고, 아들(putra)이라는 부분을
의역하여 '사리자'(舍利子)라고 부르기도 하고, 음역하여 사리
불(舍利弗)이라고도 한다. 사리자는 부처님보다 연상(年上)이었

으나, 부처님 제자로서의 자세가 조금도 흐트러짐이 없었을 뿐만 아니라, 부처님의 위촉에 따라 후배 비구들의 교화에도 크게 힘쓴 분이다. 증일아함의 제자품(弟子品)[40]에 의하면 부처님께서 내 성문(聲聞) 중 "지혜가 끝이 없어 모든 의심을 밝혀 푸는 이는 바로 샤리푸트라 비구"라고 말씀하셨을 정도이니, 그의 지혜가 얼마나 수승하였는지는 가히 짐작할 만한 일이다. 관자재보살은 이러한 사리불을 상대로 "사리자여!"라고 운을 뗀 다음, '공'에 관한 설법을 하게 된 것이다. 관자재보살은 왜 여러 장로 비구들 가운데 유독 사리불에게 이 경을 설한 것인가? 반야심경의 주된 내용을 이루는 '공'의 진리는 워낙 깊고 오묘하여 아무나 쉽게 이해하기 어렵다. 물론, 부처님 제자 가운데 공관(空觀)이 뛰어나다고 하여 해공제일(解空第一)로 불리는 수부티(須菩提) 존자가 없는 것은 아니지만[41], 부처님의 십대제자(十大弟子) 가운데에서도 원로(元老)요, 지혜제일로 불리는 사리불이 '공'의 진리에 관한 설법의 대상으로 가장 적합하다고 인정한 것이라 하겠다.

---

40 증일아함 3: 4.
41 위 경 중 (8) 참조.

색불이공(色不異空) 공불이색(空不異色)

앞에서는 오온개공(五蘊皆空)이라고 해서 "오온이 모두 공하다"라고 하였는데, 여기에서는 오온의 하나하나를 분리해 '공'과의 관계를 설명하고 있다. 설명이 더욱 구체화 된 것이다.

연기: "색은 공과 다르지 않고, 공은 색과 다르지 않다"는 부분, 곧 물질과 '공'과의 관계를 설명하려면 먼저 연기(緣起)에 관해서 간단히 살펴볼 필요가 있다. 왜냐하면, 공은 불교의 기본이론인 연기법(緣起法)의 다른 표현이라고 해도 과언이 아니기 때문이다. 뉴턴(I. Newton)은 나무에서 사과가 떨어지는 것을 보고 만유인력(萬有引力)을 발견한 것인데, 부처님께서는 연기법을 깨치심으로써 성불하신 것이다. 인력의 경우와 마찬가지로, 연기법은 부처님 이전에도 존재했던 것을 부처님께서 스스로 깨치신 것이다. 아함경의 연기법경(緣起法經)[42]에서 부처님께서는 "연기법은 내가 만든 것이 아니요, 다른 사람이 만든 것도 아니다. 그러나 그것은 여래가 세상에 나오거나 세상에 나오지 않거나 법계에 항상 머물러 있다. 여래는 이

---

42 잡아함 12: 299.

법을 스스로 깨치고 등정각을 이루어, 모든 중생을 위해서 분별하여 연설하고 드날리고 드러내 보이니라."라고 말씀하신 것이 곧 그것이다. 부처님 말씀대로 연기법은 우주와 함께 하는 진리이고, 이 진리를 깨치신 부처님께서 중생을 위해서 풀어 가르친 것이 곧 불교이다.

인연이란 한마디로 말하면 인(因)과 연(緣)과 과(果)의 관계를 말하는 것으로서, '인'이란 결과를 맺는 직접적 힘이 되는 원인을 말하고, '연'이란 '인'이 결과를 맺게 하는 조건인 간접적 힘을 가리킨다. 인연이 닿아 결과를 낳는 것을 연기(緣起)라고 한다. 앞에서 본 연기법경에서 부처님께서는 "이른바, '이것이 있기 때문에 저것이 있고, 이것이 일어나기 때문에 저것이 일어난다.'고 하셨다. 무명을 인연하여 뜻함이 있고 내지 순전한 큰 괴로움의 무더기가 모이며, 무명이 사라지기 때문에 뜻함이 사라지고 내지 순전한 큰 괴로움의 무더기가 사라지느니라."라고 말씀하신 것처럼, 연기란 한마디로 말한다면 '말미암아 일어난다.'는 것, 곧 다른 무엇인가와의 관계에서 일어나는 현상계의 상황을 말하는 것이다. 나무가 자라 꽃이 피고, 그 꽃에 담긴 꿀을 찾는 나비나 벌로 인한 수분(受粉)으로 열매가 맺혀 그 속의 씨가 여물며, 땅에 떨어진 열매 속에서 겨울을 난 씨눈이 봄이 되어 해동(解東)한 땅 기운과 녹아내린 적당한 물, 그리고 따스한 봄볕을 받아 싹이 트면서 땅에 뿌리를 내린다. 바로 이러한 일련의 과정은 연기의 관계를 생생하게 보여주는 것이다. 모든 것은 연기의 관계 속에서 생기고 변하고 사라지는 순환의 과정에 있는 것이지, 본래부터 그러한 실체가 있는 것도 아니요, 변하지 않고 사라지지 않는 것도 없다. 모든 것은 서로 관계되고 의존하는 가운데 생겨나는가 하면, 변화의 과정을 이어 가다가 곧 사라진다. 이를 카프라(Fritjof Capra)교수는 우주의 "성주이멸(成住異滅)하는 조화롭고 역동적인 관계(harmoneous and dynamic relations)"[43]라고 불렀다. 앞의 부분이 무아(공)를 말하는 것이라고 한다면, 뒷부분은 곧 무상(無常)을 말한다.

700년 만에 핀 연꽃: 우리는 불자(佛子)인 여부와 관계없이 막연하나마 '인연'이라는 말이 생활화되어, 그와는 인연이 닿는다거나 그것과는 인연이 없다는 등의 말을 무심코 하고 있지만, 연기법처럼 무서우리만큼 엄연한 진리는 없는 것 같다. 오래 전에 신문 지상에 보도된 바도 있지만,[44] 고려 시대의

---

43 Capra, Turning Point, pp. 26, 47.
44 2010. 7. 8. 중앙일보 참조.

홍련(紅蓮) 씨앗이 700년 만에 싹이 트고 자라 꽃을 피웠다고 한다. 가야문화연구소가 2009년 5월 경남 함안군에 있는 사적 67호인 성산산성의 유물발굴작업을 하던 중 지하 4~5m의 연못 터에서 몇 개의 연 씨앗을 발견하자, 함안박물관이 그 씨앗을 화분에 심어 가꾼 결과 세 개의 씨앗이 발아(發芽)하여 꽃을 피운 것이다. 이 얼마나 놀라운 사실인가? 연기법의 엄연함에 새삼 탄복하지 않을 수 없다. 이미 700년 전에 떨어진 연 씨앗이 있었지만 깊은 땅속에 묻혀 햇볕은 물론, 적당한 수분을 받지 못하고 4~5m 땅속의 지압(地壓)에 짓눌려 싹을 틔우지 못하였다. 그런 씨앗이 어느 날 발굴되어 화분에 심어져 적당한 수분과 알맞은 햇볕을 받음으로써 싹이 틀 수 있는 조건, 곧 연(緣)이 닿아 싱싱한 싹을 틔우고 그것이 자라 아름다운 홍련 꽃을 피운 것이다. 이미 700년 전에 인(因)으로서의 연 씨앗이 땅에 떨어졌지만, 그것이 싹을 틔울 수 있는 조건이 맞지 않아, 곧 '연'이 없어 '인'이 '과'(果)를 맺지 못한 것이다. 약 700년 동안 누구도 성산산성의 4~5m 지하에 묻힌 연못이 있다거나 거기에 연 씨앗이 떨어져 있다는 사실에 대한 인식이 없었지만, 그렇다고 거기에 씨앗이 없었던 것도 아니다. 700년이라는 긴 세월이 지난 뒤 어느 날 그 연 씨앗이 발견되어 싹을 틔울 수 있는 조건, 곧 연(緣)이 마련되자 그처럼

오래되었는데도 연 씨앗은 싹을 틔우고 꽃을 피우는 '인'으로
서의 구실을 충실하게 해낸 것이다.

색불이공 공불이색 색즉시공 공즉시색: 관자재보살은 사
리불에게 "색은 공과 다르지 않고 공은 색과 다르지 않으며,
색이 곧 공이고 공이 곧 색이니라."(色不異空 空不異色 色即是空 空
即是色)라고 하였는데, 여기에서 '색'(色)이란 '물질'을 가리킨
다. 그러면 무엇 때문에 그처럼 장황하게 말했을까? "물질과
공은 다르지 않다."[不異]라거나, "물질과 공은 하나다."[不二]
라고 해도 되지 않았을까? 그러나 심경의 위 구절을 곰곰이
새겨보면 관자재보살의 설명이야말로 정곡(正鵠)을 찌른 것임
을 알 수 있다.

사리자로 대표되는 중생들로서는 '물질'이라고 하면 곧 존
재를 생각하고, '공'이라고 하면 텅 빈 무존재(無存在)를 떠올
려, 색(色), 곧 물질과 공(空)은 천 리나 떨어진 것으로 생각하기
쉽기 때문에 한 마디로 "색과 공은 다르지 않다."고 하면 얼핏
이해하지 못한다. 그래서 색과 공은 다른 것인가? 아니면 둘
은 같은 것인가?를 친절하게 나누어 설명한 것이다. 먼저, 물
질과 공은 서로 다른 것으로 보기 쉬운 일반의 견해를 지우기
위해서 "물질은 공과 다르지 않고 공은 물질과 다르지 않다."

(色不異空 空不異色)라고 하여 물질과 공은 다른 것이 아니라는 주장을 분명히 한 다음, "물질이 곧 공이고 공이 곧 물질이다."(色卽是空 空卽是色)라고 하여 색과 공은 본질적으로 같은 것이라고 설명한 것이다. 그러므로 앞의 부분은 의문에 대한 주장이고, 뒷부분은 주장한 것의 설명인 셈이다.

'연'을 만나지 못한 땅속의 씨앗이 '공'이라면, 아름답게 핀 홍련 꽃은 '색', 곧 물질이다. 물과 파도의 관계도 마찬가지이다. 출렁거리는 파도를 '색'이라고 한다면, 물은 '공'이라고 할 수 있다. '공'은 근본 바탕이요, 색은 '연'이 닿아 생겨난 일시적인 현상이다. 물과 거기에서 이는 파도가 다를 것이 없고, 현상과 그 현상이 있게 한 바탕이 다를 수 없는 일이다. 위에서 설명한 바와 같이, 모든 것은 인연이 닿아 여러 인자(因子)가 모여 이루어진 현상이고, 그 어느 것 하나 본래부터 그 자체로 고유하고 독자적으로 존재하는 것은 없다. 우리가 인식하는 현상은 모두 인연에 따라 이루어진 것, 곧 오온이 모여서 된 것이어서, 예외 없이 변이(變異)와 괴멸(壞滅)의 과정을 거듭한다. 생즉무생(生卽無生)이라 하지 않는가? 우리가 흔히 태어났다고 생각하는 그 생도 실은 인연에 의한 가생(假生)이고, 그 실질은 무생(無生)이라는 것이다. 아무리 화려한 꽃도 반드시 지기 마련이고, 아무리 건강하다는 사람도 반드시 죽음이 찾아오기 마련이며, 오래 산다는 바다거북도 때가 되면 죽게 된다. 그러니, 생(生)과 사(死)는 엄청난 차이가 있는 것 같지만, 실은 동전의 양면과 같이 늘 공존하고 있는 것이다.

어디 그뿐인가. 앞에서 홍연 꽃 이야기를 했지만, 그 아름다운 분홍빛 꽃은 어디에서 왔는가? 연 씨앗을 아무리 잘게 쪼개 보아도 꽃은 고사하고 분홍빛 한 점도 찾아볼 수 없다. 문자 그대로의 색불이공(色不異空), 곧 색이라고 해도 공과 다를 것이 없음을 알 수 있다. 그런가 하면, 입춘이 지나고 봄볕이 따스해지면 잎사귀 하나 없이 엄동설한(嚴冬雪寒)을 견뎌낸 나뭇가지에서 파릇파릇한 새싹이 돋아난다. 나뭇가지를 잘라보아야 어디에도 싹 같은 것은 물론, 푸른빛도 없는데, 연녹색의 새싹이 앞을 다투어 돋아난다. 공불이색(空不異色), 곧 공이라고 하지만 색과 다를 것이 없다. 매우 모호한 말 같지만, 있는 듯 없고, 없는 듯 있는 것이 이 세상의 실상이다. 그러니, '공'이라고 해도 '전혀 없다'는 뜻이 아님을 쉽사리 알 수 있는 반면에, '색', 곧 물질이라고 해도 언제나 있는 것이 아님을 알 수 있고, 여기에 '색'과 '공'의 미묘한 관계를 알 수 있는 것이다.

공은 0이다: 색불이공 공불이색의 관계를 수학의 0을 예로 살펴보는 것도 좋을 것 같다. 수학에서의 0, 곧 영(零)을

'공'이라고도 부른다. 그런데, 0[영, 공]이라고 하면 아무것도 없는 것을 나타내는 것으로 치부하는 수가 많다. 그러나 수학에서의 0은 단순한 '영'이 아니라 그 이상의 실수(實數)를 함축하고 있다. 0 앞에 1이 놓이면 10이라는 수가 되고, 0 앞에 10이 놓이면 100이라는 실수가 되는가 하면, 앞에 1을 하나만 놓고 그 뒤에 0이 몇 개 겹치는지에 따라 100도 되고 1000 또는 1조(兆)도 된다. 그러니 0은 단순한 '영'이나 '공'이 아니고 그 속에 무궁한 수를 만들어낼 수 있는 실수를 함축하고 있는 것이어서, 다른 숫자와 다를 것이 없다. 그런가 하면, 엄연한 실수라도 0과 곱해지면 0이 되고 만다. 곧, 5x0=0인 것과 같다. 그러니, 실수라고 해도 딱히 0과 다를 것이 없는 셈이다. 또, 0은 상태에 따라 실수일 수도 있고 '공'일 수도 있는 것이어서, 실수와 공이 본질적으로 다른 것이 아님을 알 수 있다. '공'은 물질과 다르지 않고, 물질은 곧 '공'이라고 하는 것과 같은 이치이다.

이를 다른 측면에서 보아도 상황은 비슷하다. 사람들은 눈으로 보이는 존재와 귀로 들리는 소리 등과 같이 밖의 대상을 스스로 느낌으로써 생활을 이어간다. 그렇기 때문에 눈에 보이지 않고 귀에 들리지 않으면 없는 것으로 치는 것이 보통이다. 그러나 우리가 느낄 수 있는 외부의 존재라는 것은 모두 인연이 닿아 원자(原子), 아니 그 원자를 이루는 아원자(亞原子)가 모여 구성된 것이어서, 모든 존재는 '공'에서 꾸며져 나온 것에 불과하다. 사람들은 일시적으로 꾸며진 구성물(構成物)의 겉만 볼 뿐 그 본체(本體)는 간과(看過)하는 것이 예사이다. 그렇기 때문에 '공'에 대한 이해가 쉽지 않고, 헷갈리기 일쑤이다. 우리가 눈으로 볼 수 있는 존재나 들을 수 있는 소리 등과 같은 거시세계(巨視世界)의 사물에 대해서는 아인슈타인의 일반상대성원리와 같은 고전물리학이 지배하지만, 우리가 볼 수 없고 들을 수 없는 전자(電子)나 원자핵(原子核) 내지 그것을 구성하는 양성자(陽性子)와 중성자(中性子) 등과 같은 미시세계(微視世界)의 현상에 관해서는 양자역학(量子力學)이 적용된다는 것도 우리가 일상적으로 경험하는 외부적 세계와 그 바탕을 이루는 내부적 세계의 차이를 잘 보이는 것이라고 할 수 있다. 그러나 우리가 늘 상대하는 거시세계는 그것을 이루어낸 미시세계가 드러난 것이고, 미시세계라고 해도 결국 거시세계의 본고향인 셈이다. 그러니, 거시세계가 곧 미시세계요, 미시세계가 거시세계와 본질적으로 다를 것이 없음을 알 수 있다. 이것이 곧 "색불이공 공불이색"이 아니고 무엇이겠는가!

아무튼, '공'은 우주의 근본이요, '색'은 '공'이라는 바탕에서 이루어진 것이어서 바로 '공'의 파생적(派生的) 현상이라고 할 수 있다. 이러한 '공'과 '색', 바꾸어 말하면 바탕과 거기에서 생겨난 현상이 서로 다른 것이라고 할 수 있겠는가? 허공에 담긴 수많은 원자 가운데, 수소 원자 두 개와 산소 원자 하나가 만나면 물이라는 물질이 이루어지고, 그래서 물을 물리학에서는 H_2O라고 표기한다. 이 경우, 우리 눈에는 보이지 않지만, 허공에 가득한 미립자(微粒子: particle)와 파동(波動: wave)이 물과 다르다고 단정할 수 있는가? 모태(母胎)와 거기서 생겨난 것이 서로 다른 것일 수 있겠는가 말이다. 구체적으로 나타난 모습이 다를 뿐 본질적으로는 같은 것이다. 결국, '색', 곧 물질이 '공'과 다르지 않고, '공'이 '색'과 다르지 않음을 이해할 수 있다.

앞에서 본 '색불이공'이라는 말을 달리 표현하면 '색즉시공'의 뜻이 될 수 있고, 한편 '공불이색'은 '공즉시색'과 다를 것이 없는 말이 된다.

색불이공(色不異空) 공즉시색(空卽是色)이 시사하는 것

사람들은 모든 것을 이분법적(二分法的)으로 보고 다루는 경향이 많다. 크다 작다, 밝다 어둡다, 옳다 그르다, 있다 없다, 많다 적다 따위와 같이 모든 것, 모든 일을 금을 긋듯이 나누어 보는 것이 예사이다. 그러다 보니, 자연히 불만이 생기고 욕심을 부채질하게 되며, 뜻을 이루지 못하면 고민하게 된다. 그러나 절대적으로 큰 것이 없는 것처럼 절대적으로 작은 것도 없고, 어둠이 있으면 곧 밝음이 뒤따르게 되며, 어느 모로 보나 늘 옳은 것도 없고 그렇다고 절대적으로 그른 것도 찾아보기 힘들다. 그런데도 사람들은 겉으로 드러난 모습에 매여 일희일비(一喜一悲)를 거듭하고 있다.

"색불이공 공즉시색"은 앞에서 살펴본 바와 같이 서로의 연관관계(相互關係性)를 극명(克明)하게 보여준다. 인연 따라 '공'에서 어떤 존재가 생겨나는가 하면, 바로 그 인연에 따라 존재하는 것이 다시 '공'으로 돌아가는 것이니, 이러한 자연의 진리는 우리의 이분법적인 사고(思考)가 얼마나 우매(愚昧)한 것인지를 잘 보여주고도 남음이 있다. 크다고 해도 그보다 작은 것에 대한 관계에서의 이야기에 지나지 않고, 그보다 더 큰 것에 비하면 작은 것이다. 많다거나 적다는 것도 마찬가지일이다. 옳다거나 그르다는 것도 그것을 판단하는 기준에 따라 얼마든지 바뀔 수 있고, 어둠은 그 속에 늘 밝음을 안고 있으며, 밝음은 반드시 어둠을 불러온다는 매우 평범한 진리를 "색불이공 공즉시색"은 일깨워 준다. 이는 곧 우리의 일상적인 사고가 얼마나 고지식하고 형식적인지를 보여주는 단면이라고 할 수 있다. "색불이공 공즉시색"의 진리를 터득함으로써 만사만상(萬事萬象)의 상호의존관계(相互依存關係)를 이해하고, 사물의 본질을 챙겨 사고의 틀을 넓히도록 할 일이다.

한편, '색'은 항상 '색'이고, '공'은 늘 '공'이라고 한다면 그들 사이에 관계가 성립될 수 없고, 만일 그것이 진실이라면 세상은 모든 것이 고정되어 더없이 권태(倦怠)롭고 황당(荒唐)하지 않을 수 없을 것이다. 생겨나고 변하며 사라지는 순환 속에서 우리는 변화의 묘미와 활기에 찬 나날을 음미(吟味)하면서 더 나은 내일을 추구할 수 있다. 색, 곧 물질이 '공'과 다를 것 없고, '공'이 바로 '물질'이기 때문에 우리는 역동적(力動的)인 세상을 살 수 있고, 더욱 나은 내일을 설계할 수 있는 것이다. 다시 말하면, 진제(眞際)의 '공'이 비록 공적(空寂)하지만 속제(俗際)의 모습을 파괴하지 않고, 속제의 유(有)가 비록 존재하지만, 항상 본체(本體)의 공적함에 의거(依據)한다. 결국, 인연을 따르지만 '유'가 아닌 진제가 항상 현상과 다름없이 나타나고, 적멸(寂滅)하지만 '무'가 아닌 속제가 성립한다는 것을 알 수 있다.[45] 그러기에 '공'은 바로 중도(中道)로 통한다고 하는 것이다.

---

45 명추회요, 446쪽 참조.

수상행식(受想行識) 역부여시(亦復如是)

관자재보살은 오온은 모두 '공' 하다고 한 다음, 사리자에게 오온 가운데 물질을 나타내는 '색' 을 들어 그것이 '공' 과 다른 별개의 것이 아니라는 것을 설명하였다. 그런 식으로 설명하자면 오온 가운데 '색' 이외의 네 가지 것, 곧 느낌(受), 생각(想), 뜻함(行), 의식(識)의 하나하나에 대해서도 같은 설명, 곧 수불이공(受不異空) 공불이수(空不異受) 수즉시공(受卽是空) 공즉시수(空卽是受)와 같은 설명을 되풀이해야 하지만, 번거로움을 피하는 뜻에서 수상행식(受想行識)을 묶어서 그들 모두도 앞에서 본 '색' 의 경우와 마찬가지라고 하였다. 그러니, 결국 오온이 모두 '공' 과 다르지 않고 또한 오온 모두가 곧 '공' 이라는 말이다.

그러면, 왜 하필 색, 곧 물질을 대표 격으로 먼저 내세워 설명하였을까? 사람이 오관(五官)을 통해서 느끼는 것 가운데 대표적인 것은 눈이라는 감각기관으로 물질과 같은 바깥 경계를 보는 것이다. 눈으로 물질을 보고, 귀로 소리를 들으며, 코로 냄새를 맡고, 혀로 맛을 알며, 몸으로 무엇인가와의 접촉을 느끼는 작용 가운데, 눈으로 물질을 인식하는 일이 전체의 약 70%에 이른다고 한다. 그뿐만 아니라, 물질, 소리, 냄새, 맛 등 가운데 가장 객관적으로 특정하기 쉬운 것이 물질이다. 더욱이, 오온 가운데 오직 물질만이 외부적인 형상이고, 나머지 네 가지, 곧 느낌(受), 생각(想), 뜻함(行) 및 의식(識)은 모두 내부적인 정신에 속하는 것이다. 그렇기 때문에 오온 가운데 누구나 쉽게 인식할 수 있고 이해하기 쉬운 것이 물질이다. 그런 탓으로 먼저 물질을 들어 설명한 다음, 오온의 나머지 것도 모두 그와 같다고 한 것이다. 이와 같은 예는 다른 많은 경에서도 볼 수 있는 일인바, 잡아함의 오비구경(五比丘經)[46]을 보면 부처님께서 바라나시 교외의 녹야원(鹿野苑)에서 다섯 비구에게 말씀하시기를 "물질에는 '나'가 없기 때문에 물질에는 병이 있고 괴로움이 생기는 것이요, 또한 물질에 대하여 이렇게 되었으면 한다든가, 이렇게 되지 않았으면 하고 바라게 되는 것이다. 느낌, 생각, 뜻함, 의식도 또한 그와 같으니라."라고 하신 것은 그 좋은 예라고 할 수 있다.

---

46 잡아함 2: 34.

4 불생불멸 불구부정

舍利子 是諸法空相
사 리 자   시 제 법 공 상

不生不滅 不垢不淨 不增不減
불 생 불 멸   불 구 부 정   부 증 불 감

●

사리자여! 이 모든 법의 공한 모습은
생기지 않고 없어지지도 않으며,
더럽지 않고 깨끗하지도 않으며,
늘지 않고 줄지도 않느니라.

여기에서부터 앞 단락에서의 총론적인 설명에 이어 둘째 단락이 시작된다. 앞에서는 오온은 모두 공한 것이나, 오온과 '공'은 서로 다른 것이 아님을 설명하였는데, 여기에서는 여러 현상이 공하다는 것은 과연 어떤 모습인지를 설명한 것이다. 여러 현상의 공한 모습은 거시적(巨視的)으로 볼 때 생멸(生滅)이나 구정(垢淨) 및 증감(增減)이 없이 일정한(constant) 것임을 밝힌 다음, 그러한 '공'의 경지에는 불교의 존재인식법(存在認識法: ontological epistemology)이나 인과론(因果論)의 구성내용 및 괴로움이나 그 사라짐이라는 것도 있다 할 것이 없음을 불(不)과 무(無)로 나누어 설명하였음은 그야말로 절묘(絶妙)하다고 아니할 수 없다.

제법공상(諸法空相)

법(法)은 여러 가지 뜻으로 쓰이는 것이어서 그 쓰인 곳에 따라 뜻을 잘 파악해야 한다. 우선, 법은 부처님의 가르침을 뜻하는가 하면, 세속의 사회규범으로서의 법을 가리키기도 하고, 우리가 보고 느끼는 일체의 사물을 뜻하기도 한다. 그런데, 불경에서 제법(諸法) 또는 일체법(一切法)이라고 할 때는 모든 사물(事物)을 총칭하는 뜻으로 쓰이는 것이 보통이다. 금강경을 보면 "여래는 '일체법이 모두 불법이다.'라고 말씀하셨다"라는 부분이 있는데,[47] '일체법'은 앞에서 본 바와 같이 모든 사물을 가리키는데 대하여, '불법'이라고 할 때의 법은 부처님의 가르침인 법을 말한 예이다. 여기에서 '제법'이라고 하는 것도 오온에 의하여 인지(認知)된 이 세상의 모든 존재, 곧 일체법(一切法)과 같은 뜻을 가리키는 것이라고 하겠다.

그런데 관자재보살은 앞에서 오온은 모두 공한 것이라고 말했다. 오온이 '공'하다면 '공'한 오온으로 이루어진 '제법'도 '공'할 것인데, 어떻게 '공'한 것인지를 구체적으로 설명한 것이다. 곧, 모든 사물의 '공'한 모습은 어떤 것인가를 분명히 하였다. 용수보살(龍樹: Nagarjuna)은 그의 중관론(中觀論: Madhyamaka-Sustra)[48] 관인연품(觀因緣品)에서 팔불(八不)을 읊었는바, 그 게송은 다음과 같다:

"생겨나는 것도 아니고(不生), 소멸하는 것도 아니며(不滅),
항상하는 것도 아니고(不常), 단멸하는 것도 아니며(不斷),
같은 것도 아니고(不一), 다른 것도 아니며(不異),
오는 것도 아니고(不來), 가는 것도 아니다(不去)."

위의 게송의 내용은 '공'의 여러 모습을 인연의 관점에서

---

47 금강경 제17분 참조.
48 중관론(中觀論)을 약하여 중론(中論)이라고도 한다.

살펴본 것으로, 뒤에 볼 내용과 직접 관계되는 것임을 알 수 있다.

불생불멸(不生不滅)

먼저 제법의 공한 모습은 "나지도 않고 없어지지도 않는" 것이라고 한다. 사람들은 무엇인가가 생겼다고 하면 좋아하고, 반대로 없어졌다고 하면 슬퍼하는 것이 보통이다. 본체(本體)와 현상(現象)과의 관계를 제대로 알지 못하고, 겉으로 보이는 생멸(生滅)에 일희일비(一喜一悲)를 거듭하고 있는 것이다. 그것은 미혹(迷惑)에 찬 마음에서 생기는 결과에 불과하다. 달라이 라마(Dalai Lama)는 "어느 것도 진실로 존재하는 것은 없다."고 하면서, 부처님께서 '존재의 일시적 성질(Transient nature)'을 드시고, '영원한 것은 아무 것도 없다'라고 강조하신 것을 상기(想起)시킨 것은 매우 시사(示唆)하는 바 크다.[49]

물리학에서는 우주에 가득한 에너지(energy)에는 여러 가지가 있지만, 우주에 있는 에너지의 총량(總量)은 언제나 같다고 하면서, 이와 같은 에너지 보존의 법칙은 에너지는 새로 생기지도 않고 사라지지도 않는다는 것으로 이 불변성(不變性)을

---

49 Dalai Lama/Archbishop Tutu, The Book of Joy, 2016, pp. 20, 165.

설명한다.[50] 이러한 과학적인 이해처럼, 인연의 화합에 의하여 이루어진 모든 것, 다시 말하면, 오온의 공한 모습은 모두 불생불멸, 곧 "생기는 것도 아니요, 없어지는 것도 아니다." 그러나 겉모습에 매여 있는 사람들의 눈에는 사람은 생겨나서 삶을 유지하다가 늙으면 죽어 없어지는 것으로 보이는 것이 보통이다. 이는 본질은 놓아둔 채 겉에 드러난 현상만을 감각적으로 느끼는 데에서 오는 일종의 착시현상(錯視現象)이라고 할 수 있다.

생겨남: 우선 우리가 제일 잘 안다고 생각하는 사람의 경우를 예로 들어보자. 우리는 어머니의 뱃속에서 나와 세상에 태어난 날을 생겨난 날, 곧 생일(生日)이라고 하여 출생신고를 하고, 매년 그날이 되면 세상에 태어난 날이라고 해서 기념한다. 한편, 사람이 죽으면 해당 관청에 사망신고를 함으로써 그 사람은 주민등록에서 이름이 삭제되고, 없어진 존재가 된다. 그러나 관자재보살은 오온, 곧 모든 존재는 공한 것이고, 그 '공'한 모습은 생겨나는 것도 아니고, 없어지는 것도 아니라고 한다. 어찌 된 일인지 챙겨보지 않을 수 없다. '생겨났다'

---

50 Atkins, 상게서, 20쪽

는 것은 아무것도 없는 데에서 무엇인가가 존재하게 되었다는 뜻이다. 곧, 무(無)의 상태에서 유(有)의 상태가 되었다는 말이다. 과연 그럴 수 있는 일인가? 사실은 사람이 어머니를 통해서 세상에 태어나기 전에 이미 그 사람은 어머니 뱃속에 있었다. 어머니 뱃속에 있던 태아(胎兒)가 밖으로 나왔을 뿐이다. 만일, 이미 있던 것이 장소만 바꾼 것이라면 그것은 생겨난 것이 아니다. 그렇기 때문에, 우리나라에서는 서구(西歐)나 일본 등과는 달리 사람이 태어나면 바로 한 살로 치는 것이다. 그것은 우리가 어머니의 자궁(子宮) 속에 수태(受胎)된 때로부터 존재한 것으로 생각한 데에서 비롯된다.

그러면, 사람은 수태로써 생기는 것인가? 엄격히 말하면 그것도 아니다. 수태 이전에는 이미 어머니와 아버지에게 반반씩 존재했다고 할 수 있고, 그것은 조상에게로 거슬러 올라간다. 생명공학(biotech)의 발달로 유전자의 구체적인 배열까지가 밝혀진 오늘날에는 DNA 하나로 몇 대가 벌어진 조상과 후손의 혈연관계(血緣關係)까지 알 수 있게 되었지만, 이는 사람을 비롯한 생물은 무(無)에서 유(有)로 새로이 생겨나는 것이 아니라는 것을 극명하게 보여주는 예라고 할 수 있다. 그런 관계가 생물만의 일은 아니다. 먼동이 튼 상쾌한 아침, 솔잎에 구슬처럼 맺힌 물방울이 밤사이에 생겨난 것인가? 아니다. 공중의 수증기가 밤사이의 기온강하(氣溫降下)로 물방울로 바뀐 것에 불과하다. 기체에서 액체로 모양만 바꾼 것이지, 새로 생겨난 것이 아니다. 그러면, 수증기로 기화(氣化)하기 전의 물은 제대로 생겨난 것인가? 그것도 아니다. 이미 허공에 수없이 존재하는 수소와 산소가 연(緣)이 닿아 결합한 것에 지나지 않는다. 모양만 바꾼 것이다.

사라짐: 이러한 현상은 '생겨남'에만 한정된 일이 아니고, '사라짐'의 경우도 마찬가지 일이다. 이 세상에 완전히 없어지는 것은 하나도 없다. '사라진다'는 것은 무엇인가의 존재가 무(無)의 상태가 되는 것을 뜻한다. 앞에서 본 바와 같이 생겨남이 없으니 사라질 것이 없음은 오히려 당연한 일이다. 여름 하늘에 가득하던 구름이 눈 깜짝할 사이에 사라졌다. 그것은 없어진 것인가? 아니다. 하늘에 떠 있던 구름이 물방울이 되어 비라는 이름으로 땅에 내린 것일 뿐이다. 질량불변의 법칙을 발견한 프랑스의 과학자 라부아지에(Lavoisier)는 말하기를 "아무것도 만들어지는 것은 없고, 아무것도 없앨 수 없다"고 단언하였다.[51] 문자 그대로 불생불멸이다. 현대의 발달한

---

51 Thich Nhat Hanh, The Heart of Understanding, 1988, p. 23.

과학의 힘으로도 우리가 볼 수 있는 물질은 고사하고 전자 (electron)와 같은 극미립자 조차도 무(無)의 상태로 만들 수 없고, 오직 그 모습을 변화시킬 수 있을 뿐이다. 사람이 죽는다는 것도 마찬가지 일이다. 인연이 다하여 숨이 멎음으로써 육신(肉身)을 이루고 있던 인자(因子)가 분해하여 본래의 인자로 되돌아가는 것뿐이다. 그래서 '죽었다'는 것을 '돌아갔다'고도 말하고, 영어로도 죽었다(dead)는 것을 '가 버리다'(pass-away)라고 말하는 예가 흔한 것이라고 하겠다.

명품?: 모든 것의 공한 모습은 앞에서 설명한 바와 같이 생기는 것도 아니요, 그렇다고 없어지는 것도 아니다. 그와 같은 깊은 본질은 제쳐두고 눈에 보이는 현상의 겉모습만 쫓다 보니 탐진치(貪瞋癡) 삼독(三毒)이 판을 치는 세상이 된 것이다. 이른바, 명품(名品)에 탐착하다 보니 그 물건의 본체(本體)는 뒷전에 밀어놓고 상표(商標)만 보고 물건을 고르는 경향이 만연하고 있다. 이 얼마나 관념적이고 수박 겉핥기식의 생각인가? 상표로 표상되는 물건의 본체를 깊이 관찰한다면 본질적으로 좋은 것이나 나쁜 것이 따로 있는 것이 아님을 알게 될 것이다. 딱히 있다고 할 것도 없고 없다고 할 것도 없는 것이 이 세간의 실상이다. 갈파드 박사가 "지구에 있는 종(種)들의 삶과 죽음은 그것이 무엇이건 그들에게 있어 같은 것이다."[52]라고 확언(確言)한 것은 결국 '공'에서의 생겨남과 사라짐이라는 것이 본질적으로 다를 것이 없는 흐름의 한 가닥에 지나지 않음을 뜻하는 것이라고 하겠다. 불생불멸! 바로 그대로이다. 그래서 팔천송반야경 제9품에서 부처님께서는 "색은 생기거나 없어지지 않고, 더럽거나 깨끗하지도 않은 방식으로 청정하기에 반야바라밀은 청정하니라."라고 말씀하신 것이다.

불구부정(不垢不淨)

모든 것의 공한 모습은 "더럽지도 않고, 깨끗하지도 않다."고 한다. 사람들은 모든 일에 이분법적(二分法的)인 분별을 일삼는 것이 예사이고, 또 그것이 생활의 한 모습이기도 하다. 그러나 알고 보면 분별이라는 것은 사람의 마음이 만들어내는 것일 뿐, 모든 것은 본래부터 그 자체로 더럽거나 깨끗하고, 좋거나 나쁘고, 또는 아름답거나 추한 구별이 지워진 것이 아니다. 신라 때, 원효대사와 의상대사가 당나라에 수학하기 위하여 가던 길에 원효대사가 밤중에 목이 말라 마신 물 이야기는 널리 알려져 있다. 목이 마른 원효대사가 어둠 속에서 손

---

52 Galfard, 상게서, p. 10.

에 잡힌 바가지에 담긴 물을 감로수처럼 맛이 있게 마신 다음 날 아침에 보니 자기가 간밤에 마신 물은 다름 아닌 해골바가지에 담긴 빗물이었음을 알게 된 것이다, 해골바가지라는 것을 모르고 마실 때의 물은 그야말로 감로수였는데, 막상 그것이 해골바가지에 담긴 빗물이라는 것을 알게 된 순간 갑자기 구역질이 나고 역겨워진 것이다. 그러나 그 마신 물에 무슨 차이가 있는가? 간밤에 그처럼 맛있던 물은 그대로인데 해골바가지를 보는 순간 갑자기 혐오스러워지고 역겹게 된 것이니, 해골바가지를 봄으로써 감로수가 오수(汚水)로 변한 것이다. 무엇이 그처럼 변하게 한 것인가? 물이 아니라, 바로 사람의 마음의 장난일 뿐이다. 그래서, 유식경(唯識經)에서는 "아름답고 추함은 마음에 있지, 마음 밖에 따로 정해진 것이 없다."라고 하면서, "마치 아름다운 여인과 같다. ... 음탕한 사람은 그녀를 보고 즐거워하고, 질투하는 사람은 그녀를 보고 괴로워하며, 청정한 수행을 닦는 사람은 그녀를 보고 도를 얻고, 선입견이 없는 사람은 그녀를 보아도 끌리거나 싫어하는 것이 없어 흙이나 나무토막 보듯 한다."라고 한 것이다. 곧, 아름답고 추하다거나 더럽고 깨끗하다는 것은 견해의 차이일 뿐 구슬의 본체는 근본과 지말(支末)이 한결같은 것이다.

분별심: 사람은 그가 배운 지식, 쌓은 경험 등이 모여 관념을 만들어내고, 그 관념이 주범(主犯)이 되어 분별심을 기른다. 모든 일에 좋거나 나쁜 것, 아름답거나 추한 것, 깨끗하거나 더러운 것, 큰 것과 작은 것, 긴 것과 짧은 것 등의 분별을 일삼고, 그 분별은 바로 집착과 번뇌로 이어진다. 그러나 제대로 알고 보면 분별할 것은 아무것도 없다. 모두가 상대적이고, 서로가 의지하고 관계를 맺는 가운데 존재하는 것이다. 그렇기 때문에, 여러 사람이 각기 분별하여 그은 경계선은 제각기 다른 것이 보통이다. 창밖에 핀 장미꽃이 아름답다고 꺾어다 꽃병에 꽂아놓고 들여다보니, 볼수록 꽃의 모양, 빛깔이나 향기 어느 것 하나 나무랄 것이 없다. 그것과는 달리 부엌의 쓰레기통을 보니 음식쓰레기는 물론 과실껍질 등이 뒤섞여 더럽고 악취가 풍겨 혐오스럽기 짝이 없다. 이것을 가지고 깨끗하고 아름답다거나 더럽다고 할 수 있을 것인가? 아름답고 향기롭다고 여겨지는 장미꽃도 2, 3일이 채 안 되어 쓰레기통에 버려지게 될 것이다. 그런가 하면, 냄새나고 더럽게 보이는 쓰레기가 꽃밭에 묻히면 몇 달 뒤에는 탐스럽고 아름다운 장미꽃으로 변해 있지 않겠는가? 꽃병에 꽂혀있는 꽃과 쓰레기통에 버려진 꽃에 본질적으로 다를 것이 없다.

변덕의 극치라고 할 수 있는 예를 하나 들어보자. 열대과실의 여왕으로 불리는 망고스틴(mangosteen)을 비롯한 싱그러운 과실이 담긴 바구니를 한참 쳐다보다가 먹음직하게 생긴 놈 하나를 골라 먹기 시작했다. 기대 이상으로 좋은 달콤새콤한 맛을 음미하면서 천천히 목을 넘겼다. 그러나 그처럼 맛있고 향기롭던 과실도 목구멍만 넘고 나면 손도 댈 수 없이 더럽고 혐오스러운 것으로 치부된다. 자기가 먹은 것이 다른 데도 아니고 1m 남짓한 자기 몸속을 거쳐서 나오면 바로 더러움의 상징처럼 다루어진다. 이 얼마나 변덕스러운 일인가? 그처럼 향기롭고 맛있는 것으로 생각하던 것이 자기의 입을 통해 몸속을 거쳐 항문(肛門)으로 나오면 더없이 더러운 것으로 취급되니 말이다. 먹기 전의 것과 먹은 뒤엣것이 근본에 있어 다를 것이 없는데도 불구하고, 매우 극단적인 차이로 취급되는 것은 오로지 우리의 관념이 빚어낸 분별 때문이다. 인도에서는 소똥을 모아 손으로 빈대떡 모양으로 만들어 토벽(土壁)에 붙여 말린 다음 연료로 쓴다. 인도에서의 성지순례 길에 마침 손으로 소똥을 다루고 있는 아낙네를 보고 더럽지 않으냐고 물었더니, 의외의 대답이 돌아왔다. "소가 뜯어먹은 풀이 나온 것인데, 특별히 더러울 것이 없다"는 것이다.

　모든 사물은 그 자체로서는 더러울 것도 없고 깨끗할 것도 없다. 그저 그처럼 '공'한 채 있을 뿐이다. 그것이 관자재보살이 말한 제법의 공한 모습인 것이다. 그런데도, 사람들은 분별심(分別心)에 매어 모든 것을 느끼기가 무섭게 좋다거나 나쁘다, 깨끗하다거나 더럽다, 아름답다거나 추하다는 등으로 경계선을 그어 분별하며, 좋고 깨끗하며 아름다우면 갖고자 하고, 나쁘거나 더럽고 추하면 멀리하려 한다. 그 결과, 갖고자 하는데도 손에 들어오지 않거나 멀리하고자 하는데 떨어지지 않으면 괴로워하게 된다. 그러나 본래부터 깨끗한 것의 실체가 있는 것이 아니요, 더러움의 실체가 있는 것도 아니다. 모든 것은 서로 의지하고 관계를 맺어가는 가운데 이루어지고 사라지는 것이다. 잡아함의 연기법경에는 "이것이 있기 때문에 저것이 있고, 이것이 일어나기 때문에 저것이 일어난다."라는 말이 있다. 이 세상의 상호의존관계를 간명하게 설명한 가르침이다.

켄 윌버(Ken Wilber)는 그의 저서에서 사람들의 거의 공통적인 문제는 모든 것에 관념적으로 경계선을 긋고 이쪽이 아닌 것은 모두 저쪽으로 치부하고 배척(排斥)하는 데 있다고 하면서, "문제는 반대쪽은 조화될 수 없고 완전히 서로 다른 것으로 생각하는 데 있다. 그러나 분별 된 것들이라는 것은 실은 낮과 밤의 구분과 비슷한 것으로, 진실은 밤이 없으면 우리가 낮이라 부르는 것도 있을 수 없다는 엄연한 사실이다."[53] 라고 강조한다. 윌버의 위의 말은 세상 만상(萬象)에는 더러운 것도 없고 특별히 깨끗한 것도 없는데도, 사람들이 관념적으로 만들어낸 분별에 불과하다는 것을 잘 보여주는 것이라고 하겠다. 결국, 모든 것은 분별의 대상이 아니라, 서로 의지하고 서로 관계됨으로써 존재하는 것이어서, 여기에 우리는 중도(中道)의 소중한 가치를 엿볼 수 있다.

부증불감(不增不減)

관자재보살은 마지막으로 제법의 공한 모습은 "늘지도 않고 줄지도 않는다."고 한다. 앞에서도 보았거니와, 사람들은 모든 것을 비교적(比較的)으로 보아 크다거나 작다거나, 많다거나 적다거나, 길다거나 짧다거나, 불었다거나 줄었다고 한다. 그러나 알고 보면, 모든 것이 상대적이다. 작은 것에 비하면 큰 것이고, 긴 것에 비하여 짧은 것이다. 크다고 하지만 그것보다 더 큰 것에 비하면 작은 것이고, 짧은 것도 그것보다 더 짧은 것에 비하면 긴 것이다. 이러한 비교적인 생각은 우리의 관념이 지어낸 것일 뿐, 절대적으로 큰 것도 없고 절대적으로 작은 것도 없다. 그러니 증가할 것도 없고 감소할 것도 없는 이치이다. 법성계(法性偈)에서는 일즉일체 다즉일(一卽一切 多

---

53 Wilber, No Boundary, 2001, pp. 20, 21.

即一), 곧 "하나가 곧 모두이고 많은 것이 곧 하나이다."라고 하였지만 꼭 맞는 말이다. 펴면 많아 보이고 모으면 하나인 것이다.

그래서 앳킨스(Peter Atkins) 교수는 그의 저서에서 "에너지의 총량(總量)은 변함이 없다(constant)."[54] 라고 분명히 한 것이다.

질량불변의 법칙: 화엄경을 보면 일미진중함시방(一微塵中含十方), 곧 "한 티끌 속에 시방세계를 품는다."라는 말이 있지만, 사물을 보는 관점(觀點)의 문제일 뿐이다. 근대물리학에서 말하는 질량불변의 법칙(law of conservation of mass)은 모든 화학적 반응의 전후(前後)에 있어서 그 반응물질의 모든 질량(質量)과 생성물질의 질량은 항상 변하지 않고 일정하다는 것을 밝히고 있지만, 과학이라는 용어조차 정립되기 전인 고대(古代)에 부처님께서는 '부증불감'을 말씀하셨다. 이 세상에 있는 것은 모양이나 위치가 바뀔 뿐 전체적인 관점에서 볼 때는 불지도 않고 줄지도 않는다는 것이다. 그래서 모든 것의 공한 모습은 '부증불감'이라고 한 것이다. 우리가 달을 보고 커졌다거나 작아졌다고 하는 것과 비슷한 일이다. 달은 늘 그대로인

---

54 Atkins, 상게서, p. 20.

데, 지구에 가리면 작아진 것처럼 보이고, 지구의 그늘에서 벗어나면 커진 것으로 보일 뿐이다. 근래에 공장이나 아파트 부지를 만들기 위해서 산을 깎아내는 경우를 종종 볼 수 있다. 멀쩡하게 있던 산이 한두 달 간의 토목공사가 진행되고 나면 평평한 부지가 생겨나고 산은 온 데 간 데가 없다. 그러나 산을 깎고 파낸 흙이나 바위는 위치만 바뀌었을 뿐 다른 어딘가에 가 있는 것이지, 없어진 것은 아니다. 모든 것의 공한 모습은 바로 그와 같은 것이다.

팔천송반야경을 보면 부처님께서 수부티존자에게 말씀하시기를 "수부티여! 여래, 응공, 정등각이 목숨을 마칠 때까지 머물면서 허공의 아름다움을 찬탄한다고 해도 허공이 커지는 일은 없으며, 아름다움을 찬미하지 않는다고 해도 허공이 줄어드는 일은 없느니라. ... 이처럼 수부티여! 제법의 법성인 그것은 교시(敎示)되거나 교시되지 않거나 그대로인 것이다."라고 하시어, 일체법, 곧 제법이란 불지도 줄지도 않는 성품을 가진 것임을 분명히 말씀하셨음을 유의할 필요가 있다.

5 공중무색

是故 空中無色 無受想行識
시고 공중무색 무수상행식

無眼耳鼻舌身意 無色聲香味觸法
무안이비설신의 무색성향미촉법

無眼界 乃至 無意識界
무안계 내지 무의식계

●

그러므로 공 가운데에는 물질도 없고
느낌, 생각, 뜻함, 의식도 없으며,
눈, 귀, 코, 혀, 몸, 뜻도 없고
물질, 소리, 냄새, 맛, 닿음, 법도 없으며,
눈으로 인식하는 경계도 없고
내지 마음으로 인식하는 경계도 없다.

앞에서 제법(諸法)의 공한 모습을 설명하였지만, 여기에서는 더 구체적으로 불교의 존재인식법(ontological epistemology)의 방법인 오온과 18계를 부정하는 내용의 설명으로 나아간다. 곧, 오온을 펼쳐 말하면 6입(六入), 12처(十二處)와 18계(十八界)인 것이어서, 안의 마음에서 밖의 모든 현상까지의 모두가 오온을 벗어나지 않는다.

위에서는 관자재보살이 오온개공(五蘊皆空), 곧 오온은 모두 공한 것이라고 비추어 보았다고 하였는데, 여기에서는 공 가운데 오온(五蘊)을 비롯하여 18계(十八界)의 하나하나는 없는 것(無)이라고 말한다. '공' 그 자체에는 오온이나 십팔계라는 것이 없고, 그것은 '공'이 빚어낸 현상계(現象界)에서 이름 붙여 부르는 것에 지나지 않는 것이다.

시고(是故)

'시고'란 '그 때문에'나 '그러므로'라는 뜻인데, 왜 '그러므로'인가? 위에서 '오온개공', 곧 '오온은 모두 공한 것이다.'라고 한 다음, 색은 공과 다르지 않고, 공은 곧 색이라고 설명하여 우리가 물질이라고 인식하는 것도 실은 모두 공에 귀착되는 것이라고 하였다. 그런 다음, 모든 사물의 공한 모습은 생겨나지도 않고 없어지지도 않으며, 더럽지도 않고 깨끗하지도 않으며, 늘지도 않고 줄지도 않는다고 하였다. 결국, 모든 것은 '공'에 귀착되는데, 그 '공'의 모습은 여여(如如)하게 그저 그대로라는 것이다. '그러므로' 그러한 '공'의 관점에서 오온이나 육처 등의 하나하나를 본다면 따로 있다고 할 것이 아무것도 없는 것이다. 이 '그러므로'는 그 앞과 그 뒤의 설명을 논리적으로 이어주는 구실을 하고 있음을 알 수 있다.

공중무색(空中無色) 무수상행식(無受想行識)

공중무색 무수상행식은 구태여 말한다면 '공중무색수상행식'이라고 할 수 있는 것을 좀 더 이해하기 쉽도록 분명히 하기 위해서 먼저 물질을 나타내는 '색' 부분을 따로 떼어 다룬 다음, 오온의 나머지 정신부분인 '수상행식'에 대한 설명을 부가한 것이라고 할 수 있다. 다시 말하면, 여기에서는 먼저 모든 존재를 나타내는 오온(五蘊)을 '공'의 관점에서 다루어본 것이다.

공중무색: '색'은 우리가 존재나 물질이라고 말하는 "느낌의 대상"을 가리킨다. 모든 사물은 '공'의 차원에서 볼 때는 무(無: nothingness)라고 한다. 다만, 공 가운데에서의 '무'를 뜻하는 것이므로, 그것은 아무것도 없는 텅 빈 상태라는 뜻은 아

니다. 그러므로 '공'의 차원에서 볼 때, 색, 곧 모든 존재가 사라지고 없어진다는 것이 아니다. 앞에서 '공'의 모습은 불생불멸, 곧 생기지 않고 없어지지도 않는다고 하지 않았던가! 겉모습이 변하여 보이지 않을 뿐, 본질은 그대로인 것이다. 형상(form)인 물체가 변하여 무형(formless)인 본체로 돌아간 것이다.

부분적으로 보면 '무'이나, 전체적으로 보면 '유'인 셈이다. 계절이 바뀌어 기분 전환을 시킬 생각으로 서재에 꽉 들어찬 책들을 옆의 작은 방으로 옮겨 서고(書庫)로 하고 서재에는 책상 하나와 컴퓨터만 남겨놓았다. 오는 사람마다 하는 말이 "그 많던 책이 모두 없어졌다"고 한다. 서재만 놓고 본다면 분명히 많던 책이 모두 없어졌다. 그러나 집 전체의 입장에서 본다면 그 책들은 다른 방으로 옮겨졌을 뿐 여전히 그대로 있는 것이다. 그것은 그렇다 치고, 오래 타던 자동차가 낡아져 폐차장에 가져다 버렸다. 폐차장에서는 그 폐차(廢車)를 분해해서 쓸 만한 부품은 손질해서 부품상(部品商)에 내다 팔고, 쓸모없는 쇠붙이는 모아 고철상(古鐵商)에 넘겨 제련소로 보내졌다. 이 경우, 그 자동차의 형상은 없어져 '무'의 상태가 되었다. 그렇다고 아무것도 없는 상태가 된 것인가? 아니다. 자동차라는 형상이 없어졌을 뿐, 그 자동차를 이루고 있던 요소들은 모두 그대로 또는 모양을 바꾸어 존재하고 있는 것이다. '공중무색', 공 가운데 물질이 없다는 것은 그러한 뜻에서의 '무' 라고 할 수 있다.

그뿐만 아니라, 우리가 보는 대상인 물질은 실은 우리가 보는 대로 존재하는 것이 아니라는 것이 이미 1940년대에 파인만(Richard Feynman)에 의해서 발견되었다. 곧, 우리는 대상(對象)을 건드리지 않고는 볼 수 없다는 것이다. 다시 말하면, "양자물리학에 의하면, 무엇인가를 '관찰하기만 하는 것'은 불가능하다. 바꾸어 말해서 양자물리학은 관찰을 하려면 관찰자(觀察者)가 관찰대상(觀察對象)과 상호작용을 해야 한다는 것을 인정한다. 예를 들면, 우리가 대상을 전통적인 의미에서 보려면 대상에 빛을 비추어야 한다. 그러나 미세한 양자적인 입자에 극히 희미한 빛이라도 비추면 – 다시 말해서 그 입자를 광자로 때리면– 무시할 수 없는 변화가 일어난다."[55]는 것이다. 우리가 보는 것은 그처럼 변화된 것을 보는 것이고, 거의 변화하지 않은 것처럼 보이는 존재라도 우리는 그것의 단면(斷面)만을 보는 것이다. 그러므로 실은 우리가 보고 느끼는 대로의 존재는 없는 것이다.

---

55 Stephen Hawking, 상게서, 101쪽.

무수상행식: '무수상행식'은 실은 '공중무수상행식'이라는 말인데, 앞에서 본 '공중무색'에서의 '공중'을 되뇌지 않기 위해서 그 두 글자를 생략한 것이다. 바로 앞에서는 물질적 존재에 관해서 보았는데, 여기에서는 의식작용을 이루는 느낌(受), 생각(想), 뜻함(行), 의식(識)을 다룬 것이다. 공의 차원에서 본다면, 오온을 이루는 이들 의식의 부분도 모두 '무'라고 한다. 여기에서의 '무'도 앞에서 본 '무'와 같이 아무것도 없다는 뜻에서의 '무'가 아니다. 느낌(受)이라는 것은 느낄 수 있는 외부의 대상이 있음으로써 가능한 것이다. 그런데, 무색, 곧 물질이 없다면 무엇을 어떻게 느낄 수 있을 것인가? 당연히 느낄 수 없고, 따라서 느낌은 없다. 원래, 의식작용인 느낌, 생각, 뜻함, 의식(受想行識)은 순차적 발전 관계에 있는 것이기 때문에, 느낌이 없으면 생각이 생기지 않고, 생각이 없으면 뜻함이 없으며, 뜻함이 없을 때 의식만 따로 성립하지 않는 것이 원칙이다. 그러므로 느낌이 없다면 오온 가운데 나머지 정신작용도 없는 것이 원칙이다.

'공' 가운데에는 물질(色)도 없고, 느낌(受), 생각(想), 뜻함(行), 의식(識)도 없다는 것은 '공'의 관점에서 본다면 객관적인 사물의 세계나 주관적인 의식의 세계도 따로 없으며, 오온의 어느 하나도 독자적으로 존재할 수 없는 것임을 알 수 있다.

이들은 오온 하나하나가 서로 의존하고 관계를 맺는 가운데 존재할 수 있을 뿐이고, 존재한다는 것도 인연에 따라 이루어지는 가유(假有)에 불과한 셈이다. 그러니, 우리가 집착할 만한 것은 아무것도 없다는 말이 된다.

무안이비설신의(無眼耳鼻舌身意) 무색성향미촉법(無色聲香味觸法) 무안계 내지 무의식계(無眼界 乃至 無意識界)

여기에서는 우리의 인식체계인 육처(六處), 육경(六境) 및 육식(六識)도 '공' 가운데에서는 모두 무(無)라는 것이다. 여기에서도 맨 앞의 공중(空中)이 생략된 상태이다. 여기에서 말하는 육처, 육경과 육식을 합쳐서 18계(十八界)라 한다. 모든 것은 '공'에서 비롯되어 '공'으로 돌아가는 것이다. 그러므로 근본은 '공'인데, 현상으로서의 가유(假有)가 존재할 뿐이다. 그러니 육처나 육경이나 육식이 그 자체로서 따로 있을 수 없을 것은 당연한 일이다.

무안이비설신의: 안이비설신의, 곧 눈, 귀, 코, 혀, 몸, 뜻을 육처(六處) 또는 육근(六根)이나 육입(六入)이라 한다. 이들 여섯 곳을 통해서 사람은 바깥 경계와 교섭하게 된다. 다시 말하면, 육처를 통해서 밖의 사물이나 소리나 냄새 등을 느끼는 것

이고, 그래서 육처를 감각기관(感覺器官)이라 한다. 보는 눈, 듣는 귀, 냄새 맡는 코, 맛보는 혀, 닿는 몸, 의식하는 뜻이 곧 그것이다. '공'의 차원에서 말하면 감각기관이라고 할 것도 따로 없는 것이라고 한다. 하기야, 아무리 밝은 눈이나 귀가 있다고 해도 보고 들을 대상이 없다면 눈이나 귀가 느낄 수 없고, 아무리 예민한 혀를 가지고 있다고 해도 입에 무엇인가가 들어가 혀에 닿아야 비로소 그 혀가 감각기능을 발휘하여 제대로의 맛을 알 수 있을 것은 뻔한 노릇이다.

　내 친구의 아들이 서울에서 이탈리아 음식점을 차린 다음, 많은 월급을 주면서 아주 유능한 소믈리에(sommelier)를 채용하였다. 그런데, 고객들 가운데 포도주를 원하는 사람이 별로 없다 보니 2, 3개월이 지나도록 그 소믈리에는 자기가 할 만한 일이 거의 없이 지내다가 결국 스스로 물러났다고 한다. 아무리 포도주에 관한 풍부한 지식이 있고 포도주 맛을 잘 감별할 수 있는 혀를 가졌다고 하더라도 감별할 포도주가 없다면 그 혀는 제구실을 다 할 수 없고 아무런 의미도 없는 것이다. 눈이나 귀도 모두 마찬가지 일이다. 육근 하나하나는 그것만으로는 아무런 구실도 할 수 없고, 육근의 대상, 곧 외부의 대상이 와 닿는 인연으로 보고, 듣고, 냄새 맡고, 맛보며, 닿음을 느낄 수 있는 것이다. 얼마 전에 작고(作故)한 호킹 박사의 설명에 의하면, "원래 우리의 지각(知覺)은 직접적이지 않고 오히려 일종의 렌즈에 의해서, 인간 뇌의 해석구조로 형성된다. 시신경이 망막과 연결되는 위치에 맹점(盲點)이 있을 뿐 아니라, 시야(視野) 전체에서 해상도(解像度)가 좋은 부분은 오직 망막의 중앙에서 대략 시각(視角) 1도 이내의 좁은 구역뿐이다. 구역의 폭은 두 팔을 앞으로 뻗고 엄지손가락을 세웠을 때 두 엄지손가락의 폭과 비슷하다. 그러므로 뇌에 들어온 미가공(未加工)의 데이터는 상태가 몹시 나쁘고 구멍까지 뚫어져 있는 그림이다. 인간의 뇌는 그 데이터를 처리한다. 양쪽 눈에서 온 입력(入力)을 조합하고, 가까운 지점들의 시각적 속성은 비슷하다는 전제하에 구멍들을 메운다. 더 나아가, 인간의 뇌는 망막에서 온 2차원의 데이터 배열을 읽어서 3차원 공간의 인상을 만들어낸다. 요컨대, 뇌는 정신적인 그림 또는 모형을 구성하는 것이다. 그러므로 '나는 의자를 본다'라고 누가 말할 때, 그 말의 참뜻은 그가 의자에서 산란(散亂)된 빛을 이용해서 의자의 상 또는 모형을 만들었다는 것이다."[56]라고 한다. 그러니, 우리가 감각기관이라고 하는 눈은 그 스스로 무엇을 볼 수 있는 것이 아니라 산란된 빛을 받아들여 그 데이터를 뇌에 전

---

56 Stephen Hawking, 상게서, 58쪽.

달하는 매체(媒體)에 불과한 셈이다. 그러므로 눈의 망막이나 시신경에 이상이 있으면 볼 수 없지만, 아무 이상이 없는 눈을 가졌다고 해도 눈에 반사광을 보낼 물질이 없다면 눈이 매체 구실을 할 일이 없고, 결국 볼 수 없는 것은 당연한 일이다. 결국, 우리는 흔히 눈으로 본다고 생각하고 말하지만 '눈'이란 무엇인가를 보기 위한 여러 요소 가운데 하나에 지나지 않고, '눈'만으로는 아무런 구실도 할 수 없어 '없는 것'과 다를 것이 없음을 쉽사리 알 수 있다.

귀, 코, 혀, 몸, 뜻의 경우도 마찬가지 일이다. 육근의 하나하나는 그 자체로는 각각 '무'의 처지를 떠나지 못하고 늘 밖의 대상에 매여있는 꼴이다. 잡아함의 이욕탐경(離欲貪經)[57]을 보면 부처님께서는 비구들에게 "눈에 대하여 바르게 생각하고, 덧없는 것이라고 관찰하라. 무슨 까닭인가? 눈에 대하여 바르게 생각하고 덧없는 것이라고 관찰하기 때문에, 눈에 대하여 욕탐이 끊어지고, 욕탐이 끊어지기 때문에 마음이 바르게 해탈하였다고 나는 말하느니라. 귀, 코, 혀, 몸을 바르게 생각하고 관찰하기 때문에 욕탐이 끊어지고, 욕탐이 끊어진 사람은 마음이 바르게 해탈하였다고 나는 말하느니라."라고 말

---

57 잡아함 8: 189.

씀하시어, 육근이라는 것이 믿고 기댈 만한 것이 아니라는 것을 분명히 하신 것을 알 수 있다.

무색성향미촉법: 앞에서 본 육처에 의한 감각의 대상을 육경(六境) 또는 육진(六塵)이라 한다. 육경이 육처에 들어옴으로써 무엇인가에 대한 인식이 생기게 되기 때문에, 육처에 대한 여섯 가지 경계라는 뜻에서 육경이라 한 것이다. 그 육경이 색성향미촉법(色聲香味觸法), 곧 물질, 소리, 냄새, 맛, 감촉, 비감각적 법의 경계인 것이다. 육경을 달리 육진(六塵)이라고도 한다. 밖에서 들어오는 물질, 소리, 냄새, 맛, 감촉, 비감각적 법경이 사람의 마음을 흐리게 하는 먼지와 같은 것이라는 뜻에서 육진이라고 부르는 것이다. 그런데, '공'의 관점에서는 이들 육경도 모두 '무'의 상태라고 한다. 사실, 육처에 대한 외부적인 대상인 육경이 '무'라고 하는 것은 이미 앞에서 천명한 바 있다. 위에서 본 오온에 관한 부분에서 공중무색, 곧 "공 가운데 물질은 없다"라고 한 것이 그것이다. 여기에서는 육처와의 관계에서 육경인 이들에 대하여 다시 설명한 셈이다. 왜냐하면, 육처와 육경은 서로 교섭 관계에 있는 것이지, 어느 한쪽만으로는 의미가 없는 것이기 때문이다.

한 걸음 더 나아가, 우리가 무엇인가의 존재를 본다는 것은 그 존재가 직접 우리 눈에 와 닿아 느낌을 주는 것이 아니라, 위에서 본 바와 같이 그 존재에서 산란(散亂)된 빛의 입자, 곧 광자(光子: photon)가 우리 눈의 망막을 때려 시신경(視神經)을 자극함으로써 뇌에 그 데이터를 전달하여 이루어지는 것이고, 소리를 듣는다는 것도 소리의 파동이 공기를 매체(媒體)로 귀의 고막(鼓膜)을 자극함으로써 그 데이터가 뇌에 전달됨으로써 이루어지는 것에 불과하다. 그러므로 엄격히 말하면, 객관적인 실재(實在)가 과연 존재하는지는 과학적으로도 의문이 많은 것임을 부인할 수 없고,[58] 특히 양자물리학의 발달에 따라 이 세상의 모든 '것'이라는 것은 실은 관계 속에서의 사건(event, occurrence)에 지나지 않다고 보는 경향이 뚜렷해졌음을 유의할 필요가 있다.[59] 그러한 차원에서도 '공'의 관점에서 본다면 색성향미촉법이 없는 것임을 이해할 수 있는 일이다.

무안계 내지 무의식계: 앞에서 본 육처와 육경에 육식(六識)을 더한 것을 18계(十八界)라 한다. 6 x 3= 18이라는 셈이다. 불교에서의 인식법(認識法)인 육처의 이론은 결국 18계로 완성된다. 눈이 있음이 원인이 되고, 그에 빛이 와 닿는다는 조건

---

58 Stephen Hawking, 상게서, 44쪽.
59 김성구, 상게서, 27쪽; Lovelli, 상게서, 135쪽.

이 작용하여, 눈의 인식이 생기는 결과가 일어나며, 귀, 코, 혀, 몸, 뜻의 경우도 모두 마찬가지이다. 결국, 12처의 화합으로 육식이 생기는 것이어서, 안계(眼界)란 곧 안식계(眼識界)를 말하는 것이고, 의식계란 의식의 경계(境界)를 말한다. 실은 안계와 의식계만 있는 것이 아니라, 이계(耳界), 비계(鼻界) 등도 있으나 그것을 하나하나 드는 것을 생략하는 의미에서 맨 앞의 안계와 끝의 의식계만 든 다음 '내지'로써 연결한 것이다. 이에 관해서 잡아함의 인연경(因緣經)[60]은 "눈이 빛깔을 인연하여 눈의 의식이 생기느니라. 무슨 까닭인가? 만일 눈의 의식이 생기면 일체는 눈과 빛깔이 인연이 되기 때문이니라. 귀와 소리의 인연, 코와 냄새의 인연, 혀와 맛의 인연, 몸과 닿음의 인연, 뜻과 법의 인연으로 뜻의 의식이 생기느니, 무슨 까닭인가? 모든 있는바 뜻의 의식은 일체가 모두 뜻과 법의 인연으로 생기기 때문이니라. 이것을, 비구여! 눈의 의식은 인연으로 생기고, 내지 뜻의 의식도 인연으로 생기는 것이라 하느니라."라는 부처님의 가르침을 전한다. 이는 육처와 육경 및 육식의 관계를 잘 보이신 예라고 할 수 있다.

우리의 인식작용은 눈만으로 되는 것도 아니고, 물질의 존

---

60 잡아함 9: 238.

재로 되는 것만도 아니며, 그렇다고 의식이 스스로 하는 것도 아니다. 육처와 육경과 육식이 서로 교감하고 화합함으로써 비로소 이루어지는 것이 인식작용이다. 더욱이 화엄경(華嚴經)에서는 일체유심조(一切唯心造), 곧 "모든 것은 오직 마음이 만든다."고 밝히고 있지만, 우리의 인식을 떠나고 보면 모든 것은 존재하지 않는 것, 곧 모든 것은 '공'에 귀착된다고 할 수 있다. 그런 의미에서 볼 때, 안계(眼界), 곧 눈에 의한 인식의 세계도 없고, 뜻에 의한 인식의 세계도 없으며, 귀, 코, 혀, 몸의 경우도 모두 같은 일이다. 여기에서 눈으로 무엇인가를 인식한다는 것, 곧 안식(眼識)에 관하여 부처님께서 열반경에서 자세히 말씀하신 바를 살펴볼 필요가 있을 것 같다. 곧, 안식은 그 자체로 존재하는 것이 아니라 네 가지가 화합(和合)하여 생기는 것으로, 그 네 가지란 눈, 물질, 빛, 보려는 생각으로, 이들이 화합함으로써 이른바, 안식이 생긴다는 것이다. 그러므로 안식의 성품은 눈이 아니고 물질도 아니며 빛도 아니요 생각도 아니지만, 이들이 화합함으로써 나오는 것이니, 이러한 안식은 본래 없다가 지금 있는 것(本無今有)으로, 본래의 성품이 없다는 것이다.[61]

---

61 저자 역해, 열반경 역해, 제24-2 가섭보살품 참조.

무오온(無五蘊), 무십팔계(無十八界)와 우리의 일상(日常)

앞에서 '공' 가운데에는 하나하나의 오온도 없고, 하나하나의 육근(六根), 육경(六境) 및 육식(六識)도 없다는 것을 살펴보았다. 그러면 세상에는 아무것도 없다는 것인가? 아니다! 세상은 여러 가지 존재와 의식으로 가득 찼다. 여기에서 무(無), 곧 '없다'고 한 것은 '공'과의 관계에서 말이다. '공'의 관점(觀點)에서 볼 때 그렇다는 것이다. 모든 존재와 의식을 '공' 가운데 내 던졌을 때 개개의 존재나 특정한 의식 따위는 없다는 것뿐이다. '공'의 자리에서 보면 모든 것은 다 같이 그의 본질인 인자(因子)에 불과하기 때문이다.

사람들은 미시적(微視的)으로 눈앞에 어른거리는 존재의 겉모습만 보고 그것이 항상 그 상태를 유지할 것처럼 생각함으로써 그에 집착하게 된다. 집착은 사람들이 늘 그 속에서 헤어나지 못하는 괴로움의 주된 원인이다. 그러나 만일 존재의 본질을 알고, 모든 존재하는 것은 인연의 소산(所産)으로 있는 일시적이라는 것을 터득한다면 그에 집착할 이유가 없고 집착이 없어진다면 괴로워할 원인이 없어지게 된다. 그뿐만 아니라, 사람들이 안고 있는 갖가지 관념이라는 것이 실체가 없는 것임을 제대로 안다면 그 관념에 매일 까닭이 없다. 결국, 존재와 그에 대한 인식체계가 '무'라는 것은 우리의 일상(日常)

을 속박하고 있는 갖가지 굴레를 벗겨, 아무 데도 매일 것 없는 툭 터진 '공'의 상태를 제공하는 것이라고 할 수 있다. 인연이 생긴 까닭에 법이 있고(因生故法有), 인이 사라진 까닭에 법이 없는(因滅故法無) 것일 뿐이다.

6 무무명 내지 무노사

無無明 亦無無明盡 乃至
무무명 역무무명진 내지

無老死 亦無老死盡
무노사 역무노사진

●

무명도 없고 또한 무명이 다함도 없으며 내지
늙음과 죽음도 없고 또한 늙음과 죽음이 다함도 없다.

여기는 12인연을 공의 경지에서 본 부분이다. 부처님은 대외산(大畏山)에서의 6년간에 걸친 혹독한 고행 끝에 나이렌자나강(尼連禪河) 건너 나지막한 언덕의 핍팔라나무[62] 밑에서 선사(禪思)하시던 중 연기법을 깨치신 것이고, 불교의 세계관(世界觀)은 바로 이 연기법에 있다고 할 수 있다. 공의 경지에서 거시적(巨視的)으로 본다면, 인연(因緣)의 내용을 이루는 십이지(十二支)라는 것도 없다는 것이다.

인연: 인연이라는 것을 소박하게 말한다면 잡아함의 연기법경(緣起法經)에서 볼 수 있는 바와 같이 "이것이 있기 때문에 저것이 있고, 이것이 일어나기 때문에 저것이 일어난다."는 것이다. 모든 것은 무엇인가의 원인으로 말미암아 존재하고, 아무런 원인도 없이 제 홀로 존재하는 것은 하나도 없으며, 모두 다른 무엇인가와의 상호관계(相互關係) 속에서 존재하고 기능하는 것이라는 뜻이다. 인(因)은 직접적인 원인이고, 연(緣)은 간접적인 조건인데, 무엇인가의 원인이 있고 그 원인이 결과를 맺게 하기에 알맞은 조건이 충족되면 결과가 생겨난다

---

62 부처님께서 핍필라나무 밑에서 성불하신 까닭에 그 나무를 보리수(菩提樹)라고 부르게 되었다.

는 도식(圖式)이다. 예를 들면, 땅에 떨어진 나무 열매가 낙엽에 덮여 추운 겨울을 난 다음, 따스한 봄볕과 녹아내린 물을 만나면 싹을 틔우게 되는 것과 같다. 열매가 '인'이라면 눈이 녹아내린 수분과 따스한 봄볕은 '연'에 해당하고, 나무의 싹을 틔운 것은 '과'라고 할 수 있다. 이 세상에 원인 없이 생겨난 것은 없을 뿐만 아니라, 아무리 원인이 있어도 연(緣), 곧 알맞은 조건이 갖추어지지 않아도 원인만으로 결과를 낳는 일도 없다.

중아함의 상적유경(象跡喩經)을 보면 "연기를 보는 자는 법을 보고, 법을 보는 자는 연기를 본다."라는 말이 있지만,[63] 연기법은 불교의 근간을 이루는 원리로서, 시공(時空)을 초월하여 보편타당성을 지니는 객관적 진리라는 것은 이미 과학적으로도 반박의 여지조차 없는 것이 되었다. 인연법의 내용에 관한 설명은 가장 소박한 이지인연법(二支因緣法)과 가장 보편적으로 알려진 12지인연법(十二支因緣法) 등 여러 가지가 있으나, 흔히 알려진 12인연은 열두 단계의 인연 고리가 각각 앞뒤로 원인과 결과의 관계로 연결되어 있는 것이다. 곧, 무명(無明)에서 시작하여 뜻함[行], 의식[識], 명색(名色), 육입(六入),

---

63 중아함 7: 30.

닿음[觸], 느낌[受], 애욕[愛], 잡음[取], 존재[有], 남[生], 늙고 죽음[老死]의 열두 고리가 그것인데, 이는 인생의 보편적인 태어남과 사라짐, 근심과 괴로움의 과정을 분석하여 항목화한 것이다. 여기에 주의할 일은 열두 개의 인연 고리는 그 어느 것 하나 저 스스로 자생(自生)하는 것이 아니고, 앞의 원인에 의하여 뒤의 결과가 생기고, 그 생긴 것은 다시 뒤엣것의 원인이 되는 일련의 상호의존관계에 있다는 것이다.

화엄경(華嚴經)에는 "하나는 곧 모두이고, 모두는 곧 하나이다."(一卽一切 一切卽一)라는 말이 있다. 이는 인연법을 극명하게 보인 설명이라 할 수 있다. 곧, 우리 한 사람, 한 사람은 일체 세간에 통할 뿐만 아니라, 일체 세간은 우리 개인과 떨어질 수 없는 밀접한 관계에 있는 것이다. 다시 말하면, 우리의 현재는 우리의 과거 없이는 존재할 수 없을 뿐만 아니라, 우리의 주위 환경 및 그 모든 것의 과거 없이도 존재할 수 없다. 그러므로 우리의 현재 속에는 자기와 주변의 과거가 내포되어 있고, 동시에 우리의 현재는 우리의 미래를 규정짓는 것일 뿐만 아니라, 주변 사회의 미래에 대하여 매우 중요한 영향을 미치는 것으로서, 우리 현재의 한 순간은 자기는 물론, 주변의 미래 운명에 직결되는 것이다.

12인연과 무무명 역무무명진 내지 무노사 역무노사진:
이 경에서 관자재보살은 "무명도 없고 또한 무명이 다함도 없으며, 내지 늙음과 죽음도 없고 또한 늙음과 죽음이 다함도 없다."[無無明 亦無無明盡 乃至 無老死 亦無老死盡]라고 하여 12인연의 맨 앞의 '무명'과 맨 뒤의 '노사'만을 들어 '내지'로 연결하였다. '내지'는 일련의 과정을 설명할 때, 처음과 끝을 한정한 다음, 그 중간은 생략할 때에 쓰는 말이어서, 이 경우도 12인연 가운데 처음과 끝만을 들고 그 중간의 열 단계는 생략한다는 의미이다. 원래 제대로 한다면 "뜻함은 없고 또한 뜻함이 다함도 없으며"(無行 亦無行盡)라는 식으로 반복하여야 할 일이지만, 번잡을 피하기 위해서 중간은 생략한 것이다.

앞에서 오온과 육처, 곧 모든 존재와 그 인식 등이 '공'하다는 것을 보았는데, 여기에서는 다시 불교의 근본원리라고 할 수 있는 인연의 고리조차 '공'의 차원에서는 '무'라고 한다. 엄격히 말하면, 무명(無明)이라는 것이 따로 있는 것이 아니다. 무명이란 바르게 알지 못한다는 것인데, 그것은 명(明), 곧 밝게 아는 것에 반대되는 말이다. 밝게 알지 못한다는 것은 미혹(迷惑)하다는 말이고, 밝게 안다는 것은 미혹이 없다는 뜻이다. 그러나 챙겨본다면 안다는 것이나 미혹이라는 것이 따로 있

는 것이 아니다. 그러니 구태여 말한다면 무명이라고 할 것이
어디에 있겠는가? 무명이라고 해도 사람의 의식의 세계에서
만들어지는 것일 뿐이다. 한편 '공'의 세계에는 무명이 없을
뿐만 아니라 "무명이 다함도 없다"고 한다. 얼핏 역설적인
(paradoxical) 말처럼 느껴질 수도 있으나, 참으로 옳은 말이다.
바로 앞에서 설명한 바와 같이 무명이라는 것이 따로 있는 것
이 아니라, 사람의 마음에서 빚어지는 것이라고 했다. 그런데
사람의 마음이라는 것은 한 때도 쉬지 않고 오만가지 생각을
만들어냈다가는 없애고, 없앴는가 하면 다른 생각을 만들어
내곤 한다. 그러니, 무명이 다할 겨를이 있을 까닭이 없다.

　"늙고 죽음도 없고, 또한 늙고 죽음이 다함도 없다"고 한다.
사람이 나면 "늙고 죽는다"는 것은 피할 수 없는 엄연한 현상
인데, 어찌 늙고 죽음이 없다고 하는가? 위에서 "이 제법의 공
한 모습은 생기지도 않고 없어지지도 않는다"[是諸法空相 不生不
滅]고 하지 않았던가! 미시적(微視的)으로 볼 때, 모든 것은 생
기면 변해가다가 마침내 사라지는 과정을 걷는 것으로 보이
지만, '공'의 차원에서 거시적(巨視的)으로 보면 생기는 것도
아니고 그렇다고 없어지는 것도 아니다. 생기는 것처럼 보이
고 죽는 것으로 인식될 뿐이지, 근본 바탕에는 아무런 변화도
없다. 망망대해(茫茫大海)를 보면 변화무상하다. 모진 태풍이

몰아치면 거센 파도가 일고 모든 것을 집어삼킬 것만 같다. 거기에는 분명히 변화가 있고 파멸이 있는 것처럼 보인다. 그러나 잠깐만 지나고 나면 언제 그랬냐는 듯이 고요해지고 바닷물은 예나 지금이나 그대로이다. 태풍은 어디에서 나서 어디로 갔으며, 그 험했던 파도는 다 어디에 있는가? 원래, 태풍이 따로 있는 것이 아니고, 파도가 생겼다 없어진 것도 아니다. 바닷물이 잠시 꼴을 바꿨을 뿐이다. 마찬가지 이치이다. 늙음이나 죽음이라는 것이 따로 있는 것이 아니고, 그렇다고 그러한 현상이 아주 다하지도 않는다는 것이다.

한마디로 12인연도 모두 사람의 마음속에 있는 것이다. 화엄경의 십지품(十地品)에는 "삼계에 있는 것이 오직 한 마음뿐인데 여래가 이를 분별하여 열두 가지가 있다고 하였으니, 모두 한 마음에 의지하여 이와 같이 세운 것이다"라는 가르침이 있지만, 그 말처럼 십이지인연이라는 것도 실은 우리 마음속의 일이다.

7 무고집멸도

無苦集滅道
무 고 집 멸 도

●

괴로움, 괴로움의 모임, 괴로움의 사라짐,
괴로움이 사라지는 길도 없고,

●

12인연에 이어, 공 가운데에는 고집멸도(苦集滅道)도 없다고 한다. 여기에서 말하는 '고집멸도'는 사성제(四聖諦)를 말하는 것으로서, 부처님께서 보리수 밑에서 위대한 깨침을 이루시어 인류역사상 처음으로 부처가 되신 후, 바라나시 외곽에 있는 사르나트(Sarnath)의 녹야원(鹿野苑)에서 다섯 비구에게 처음으로 말씀하신 법의 내용이다. 곧, 초전법륜(初轉法輪)의 주된 내용이 바로 사성제이다. 사성제는 바로 부처님 가르침의 핵심이라고 할 수 있다. 화엄경의 사성제품(四聖諦品)에 관해서 이통현 장자가 "사성제의 고집멸도가 그 근기와 욕망에 따라 시방세계에서 모두 같지 않고 법문도 근기에 따라 두루 같지 않지만, 사성제를 여의지 않음을 밝힌 것이다."[64]라고 한 것은 부처님께서 설하신 법이 모두 고집멸도의 사성제를 본체(本體)로 삼은 것임을 분명히 한 것이라고 할 수 있다. 그런데, 그러한 사성제마저도 '공'의 차원에서 보면 따로 있다고 할 것이 없다고 한다. 실로 혁명적인 말이 아닐 수 없다. 우리는 알아야 한다. 반야심경을 설한 상대는 지혜제일인 사리불이다. 이미 아라한의 경지에 이르렀을 뿐만 아니라, 지혜가 특히 뛰어난 사리불을 상대로 한 법문(法門)이기 때문에 심오한

---

64 이통현, 상게서, 57쪽.

'공'의 이치를 빠짐없이 설명할 수 있었던 것이라고 할 수 있다. 사성제의 가르침, 곧 고집멸도는 사람이 살아가는 동안에 누구나 겪는 괴로움을 벗어나게 하기 위한 가르침이어서 '공'의 차원에서의 일이 아니고, '공'의 차원에서 본다면 그것도 없다는 것이다.

고집멸도(苦集滅道)

여기에서는 먼저 고집멸도를 살펴본 다음, '공' 가운데에서의 그 의미를 설명하기로 한다. 부처님께서 모든 부귀영화(富貴榮華)를 다 버리고 출가하신 참뜻은 사람이 태어나서 늙고 병들어 죽는(生老病死) 근본적인 괴로움의 원인을 밝혀내어 그 괴로움에서 벗어날 수 있는 길을 깨치기 위한 것이었음은 모두가 잘 알고 있는 사실이다. 그래서 부처님께서는 성불(成佛)하신 다음 처음 하신 설법에서 사성제를 말씀하신 것이다. 중일아함의 등취사제품(等趣四諦品)[65]에서 "비구들이여! 내가 항상 설명하는 것은 이른바, 네 가지 진리이다. 그러므로 무수한 방편으로 이 법을 관찰하고 그 뜻을 분별하여 사람들을 위하여 널리 설명한다. 어떤 것이 네 가지인가? 이른바, 괴로움의

---

65 증일아함 19: 27.

진리이니, 무수한 방편으로 이 법을 관찰하고 그 뜻을 분별하여 사람들을 위하여 널리 설명한다. 또, 무수한 방편으로 그 모임과 사라짐과 사라지는 길을 설명하고, 그 법을 관찰하며, 그 뜻을 분별하여 사람들을 위하여 설명한다."라고 말씀하신 것을 보더라도 부처님께서 사성제의 가르침을 얼마나 소중하게 여기셨는지를 알 수 있다.

부처님께서 설하신 사성제, 곧 네 가지 거룩한 진리란 괴로움의 거룩한 진리(苦聖諦), 괴로움의 모임의 거룩한 진리(苦集聖諦), 괴로움의 사라짐의 거룩한 진리(苦滅聖諦) 및 괴로움이 사라지는 길의 거룩한 진리(苦滅道聖諦)를 가리키는 것이고, 이를 약해서 흔히 고집멸도라고 부른다. 네 가지 거룩한 진리는 사람은 누구나 할 것 없이 괴로움에 시달리고 있는데, 그 괴로움의 원인은 무엇인지, 그 괴로움은 없앨 수 있는 것인지, 괴로움을 없앨 수 있다면 그 길은 무엇인지를 밝히는 내용이다. 다시 말하면, 1) 사람들은 괴로움에 시달리고 있다는 사실을 분명히 인식하고, 2) 그 괴로움은 사람이 안고 있는 탐욕, 진에와 무명이라는 삼독(三毒)으로 인한 것인데, 3) 그러한 괴로움은 벗어날 수 있는 것이고, 4) 그러한 괴로움에서 벗어나는 길은 팔정도(八正道)라는 것이다. 사실, 괴로움(suffering)과 즐거움(pleasure)은 서로 별개의 것이 아니라, 서로 연관되는 것이어서, 사제(四諦), 곧 고집멸도라는 것도 그 각각이 상호 연관되는 것(inter-being)임을 분명히 할 필요가 있다.

괴로움: 괴로움의 거룩한 진리(苦聖諦)는 사람의 삶이란 괴로움(suffering)의 연속이라는 것이다. 사람이 아무리 건강, 재물, 능력, 명성을 가지고 있다고 하더라도, 우리는 결코 괴로움으로부터 자유로울 수 없으며, 산다는 것 자체가 곧 괴로움이다. 이렇게 말한다면, 어떤 사람은 말하기를, 사람이 살아가는데 있어서 괴로움이 있는 것은 사실이지만, 기쁘고 즐거울 때도 적지 않지 않느냐? 라고 반문할지 모른다. 그러나 기쁨이나 즐거움은 일시적인 것에 그치고, 반드시 괴로움으로 변하기 마련이다. 모든 것은 무상(無常)한 것이고, 기쁨이나 즐거움도 그 범주를 벗어날 수 없다. 기쁨이나 즐거움이 사라지면 그에 집착하고 있던 사람은 곧 실망하고 정신적인 괴로움을 느끼게 된다는 것은 우리가 흔히 경험하는 일이다.

부처님께서 말씀하신 '괴로움'은 단순한 괴로움을 뜻하는 것이 아니다. 삶의 실상을 말씀하신 부처님의 이 표현에는 더욱 깊은 철학적 의미를 함축하고 있음을 알아야 한다. 여기에서 '괴로움'이라고 하는 말에는 흔히 말하는 괴로움에 더하여, "만상(萬象)은 무상(無常)하고 무아(無我)이기에 모든 것은 괴로움이다." 라는 뜻이 함축된 것이다. 그래서 법화경(法華經)의 화택유품(火宅喩品)을 보면 "삼계(三界)는 평안함이 없이 마치 불난 집과 같다. 여러 괴로움이 가득 차 심히 두려운 일이다. 항상 낳고 늙으며 병들고 죽는 우환(憂患)이 있어, 이러한 불은 치연(熾然)하여 그치지 않네."[66] 라고 하여 우리가 살고 있는 이 세상을 불난 집에 비유한 것을 알 수 있다. 집에 불이 나 타고 있다면 얼마나 정신이 없고 괴로울 것인가? 짐작만 해도 아찔한 일이다.

인생을 고통의 과정으로 본 것은 부처님만의 일이 아니다. 16세기 영국의 문인이요 철학자로 유명한 프란시스 베이콘 (Francis Bacon)은 "세상은 물거품이요 인생은 한순간에 지나지 않는다. 어머니 태 속에 머물 때부터 무덤에 이를 때까지, 인생은 괴로움의 연속이다."라고 하여 인생의 괴로움을 노래하였다. 어디 그뿐인가? 인생의 모습을 묘사한 고인(古人)들치고 인생을 괴로움의 과정으로 보지 않은 예는 찾아보기 어렵다. 그만큼 사람의 삶은 알건 모르건, 원하든 원하지 않든 상관없이 모두 괴로움으로 가득하다는 것은 엄연한 사실이다.

괴로움이라고 하면 정신적인 경우가 많지만, 육체적으로

---

66 三界無安 猶如火宅 衆苦充滿 甚可畏怖 常有生老 病死憂患 如是等火 熾然不息.

고통스러운 경우도 있고, 정신과 육체의 양면에 걸치는 때도 있다. 그러나 모든 괴로움은 그 표현은 어찌 되었거나 모두 마음에서 일어난다. 왜냐하면, 모든 것은 결국 마음의 작용이기 때문이다. 그래서 화엄경(華嚴經)에서도 "삼계는 오직 마음뿐이다."(三界唯心)이라고 하지 않았던가! 마음이 의식하지 못한다면 아픔도 없고 괴로움도 느낄 수 없는 일이다. 의식작용이 비정상적인 식물인간이 1년이나 2년이라는 긴 기간 동안 병상에 누워있으면서도 아무런 고통이나 괴로움을 느끼지 못하고(?) 늘 편한 얼굴을 하고 있는 것은 그 예라고 할 수 있다.

괴로움의 모임: 괴로움의 모임의 거룩한 진리(苦集聖諦)란 괴로움의 원인에 관한 진리를 말하는 것으로서, 약해서 흔히 '집성제'(集聖諦) 또는 단순히 '집'(集)이라고도 부른다. 모든 것에는 원인이 있기 마련이다. 일정한 원인이 있고 거기에 알맞은 조건이 닿아 결과로서의 어떤 괴로움이 생긴 것이다. 괴로움의 원인을 밝히는 것은 그 원인을 정확히 알아야 그것을 고칠 수 있기 때문이다. 마치 의사가 환자의 병의 원인을 제대로 알지 못한다면 그 병을 고치기 위한 좋은 약을 처방할 수 없는 것과 같다.

괴로움의 원인으로 일반적으로 들리는 것은 삼독(三毒), 곧 탐착(貪着), 진에(瞋恚)와 우치(愚癡)이다. 그러나 이 삼독의 바탕에는 '나'라는 관념이 도사리고 있어 모든 일에 참견한다. 사람들은 실체도 알 수 없는 '나'라는 관념에 매어, 모든 일을 그 '나'를 앞세워 생각하고, '나'에게 조금이라도 좋아야 하고, '나'에게 약간이라도 나쁜 것은 한사코 배척하려 한다. 이러한 '나'를 중심으로 내세우는 관념을 고스란히 들어내는 것이 삼독이다.

먼저, 우치 또는 무명(無明)이란 바르게 알지 못하는 것을 말하는데, 무엇을 바르게 알지 못한다는 것인가? 이 순간에 있어서의 존재의 실상(實相)이다. 무명은 여러 현상에 대해서 제대로 알지 못하고 혼동하는 것을 가리키기 때문에, 그것은 잘못을 저지르는 원인이 된다. 다만, 불교에서 무명이라고 할 때는 교육이나 통상적인 지식의 부족을 말하는 것이 아니라, 존재의 허망함에 대한 무지를 가리키는 것이다. 모든 존재하는 것은 그것이 본래부터 스스로 그러한 실체를 가지고 있는 것으로 알고, 그렇기 때문에 존재하는 것은 오래도록 그대로 있을 것으로 생각하며, 특히 '나'라는 자기 자신은 다른 것과는 같지 않은 특별한 실체로 생각하는 것이 보통인데, 바로 그러한 관념에 젖은 마음의 상태를 무명이라고 한다.

사람은 무명 때문에 뒤에서 보는 바와 같은 탐욕과 진에에 빠지고, 그럼으로써 괴로움의 늪에서 벗어나지 못하는 것이다. 위에서도 보았지만, 부처님께서 12인연의 첫머리에 무명을 두고, 무명이 사람이 태어나서 괴로움에 허덕이게 하는 인연 고리의 시작임을 분명히 하신 것도 바로 그 때문이라고 하겠다. 만일, 사람이 무명에서 벗어나 존재의 실상을 제대로 이해할 수 있게 된다면 탐욕과 진에에 매일 까닭이 없다.

광야의 나그네: 여기에 생각나는 것은 부처님께서 코살라국의 프라세나짓(Prasenajit: 波斯匿)왕에게 이르셨다는 비유경(譬喩經)의 구절이다. 옛날 한 나그네가 있었는데, 그가 넓은 광야(曠野)를 걷고 있을 때 갑자기 한 마리의 성난 코끼리와 맞닥트리게 되었다. 그는 놀라 도망치려고 뛰기 시작했지만, 넓은 들판에서 숨을 만한 곳을 찾을 수 없어 한참 동안을 헤매던 중 들판 가운데 한 낡은 우물이 눈에 띄었다. 가까이 뛰어가 보니 다행히도 그 우물에는 한 줄기의 등 넝쿨이 우물 속으로 매달려 있음을 발견하였다. 그는 하늘의 도움으로 알고 그 등줄기에 매달려 우물 속으로 들어갔다. 조금 뒤에 그 성난 코끼리는 우물 위에서 무서운 이빨을 드러낸 채 우물 속을 내려다보는 것 아닌가? 나그네는 겨우 한숨을 내 쉬면서 우물 아래를 내려다보니 한 마리의 큰 뱀이 입을 벌리고 나그네가 내려오기

를 기다리는 것이 눈에 띄었다. 기겁하고 주변을 보니, 또 다른 네 마리의 독사가 고개를 쳐들고 나그네를 노려보면서 혀를 날름거리고 있었다. 그러고 보니, 나그네가 생명을 유지하기 위해서 매달릴 수 있는 것은 고작 한 줄기의 등 넝쿨에 불과한데, 위를 올려다보니 그것마저도 흰색과 검은색의 두 마리 쥐가 그 넝쿨을 갉아 먹고 있는 것 아닌가? 그러니, 그의 목숨은 경각(頃刻)에 달린 셈이다. 그런데, 때마침 어디에선가 단 꿀물 한 방울이 입술에 떨어졌다. 자세히 보니 우물 꼭대기 부분에 붙여 지은 벌집에서 떨어지는 것이었다. 그 달콤한 맛에 목숨의 위태로움도 잊은 채 혀를 내밀고 있자니 한 방울, 또 한 방울 떨어지는 꿀물이 모두 다섯 방울이나 되었다. 나그네로서는 생명의 위험도 잊고 또 떨어질 꿀물만을 기다리는 꼴이 되었다.

여기에서 광야를 헤매는 나그네는 말할 것도 없이 우리 자신을 가리키는 것이고, 한 마리의 성난 코끼리는 흐르는 시간, 곧 덧없는 세월이며, 우물은 생사의 심연(深淵)에 비유한 것이다. 우물 바닥의 큰 뱀은 죽음의 그림자이고, 네 마리 독사는 우리의 육신을 이루고 있는 사대(四大)이며, 등 넝쿨은 말할 것도 없이 우리의 목숨을 가리킨다. 흰 쥐와 검은 쥐는 낮과 밤을 말하고, 다섯 방울의 꿀물은 오욕(五欲)에 비유한 것이다. 이 비유설법은 인생의 고뇌와 무상을 실감하지 않을 수 없도록 하기에 족한 것으로, 이 설법을 들은 프라세나짓왕은 눈물을 흘리면서 회개하고 인생의 실상에 눈을 뜨게 되었다는 것이다.

탐욕이란 자기의 뜻에 맞는 일이나 물건에 애착을 느끼고 갈망하여 만족할 줄 모르고 그에 집착하는 것을 말하는데, 탐애(貪愛) 또는 갈애(渴愛)라고도 한다. 탐욕은 우리가 살아가는 데 있어서 꼭 필요한 것에 대한 요구를 말하는 것이 아니라, 자기가 바라는 것을 탐하고 그에 집착하는 것을 말한다. 그러므로 탐욕은 일반적으로 오욕(五欲), 곧 색욕(色欲), 재욕(財欲), 명예욕(名譽欲), 식욕(食欲) 및 수면욕(睡眠欲)과 연관되는 것이 보통이다. 일반적으로 볼 때, 탐욕은 자기의 능력, 처지 또는 조건이나, 그 탐욕의 대상이 되는 것의 상태나 그것을 얻기 위한 조건 등을 깊이 생각하지 않고 거의 맹목적으로 자기의 욕구에 매달려 헤어나지 못하는 속성을 가지고 있다. 그렇기 때문에, 탐욕은 그 자체가 바로 괴로움이라고 할 수 있는 것이다.

탐욕에 매여 있는 한 그에게 만족이란 있을 수 없고, 언제나 괴로움을 안고 살기 마련이다. 우리는 탐욕스러움을 나타낼 때, '내 것은 내 것, 네 것도 내 것'이라는 표현을 쓰는 경우가 많은데, 매우 적절한 비유인 것 같다. 탐욕의 더욱 큰 문제는 일반적으로 탐욕은 집착을 수반한다는 점이다. 탐욕은 늘 마음이 그에 쏠리고 매달림으로써 그 탐욕에서 벗어나지 못하게 하는 속성이 있다. 그래서 탐욕을 흔히 괴로움을 낳는 암세포에 비유하는 것이다.

진에(瞋恚)란 증오하고 화내는 것을 말하는 것으로, 괴로움의 중요한 원인의 하나이다. 사람들은 자기가 좋아하지 않는 것을 대하면 싫어하거나 화를 내는 수가 많다. 물론, 싫어하고 화내는 모든 경우가 여기에서 말하는 진에는 아니다. 단순히 싫어하거나 화를 내는데 그치지 아니하고, 상대방을 증오하고 격하게 화를 내는 경우를 가리키는 것이 보통이다. 그러한 진에는 그 진에심(瞋恚心)을 일으킨 사람의 마음을 극도로 동요시키고, 스스로 감정을 억제하지 못하는 수준에 이르게 함으로써 괴로움을 낳는다.

그러나 누구를 증오한다거나 무엇인가에 대해서 화를 낸다는 것은 엄격히 말하면 자기 자신의 마음의 작용에 불과한 것이다. 사실, 화를 내거나 증오심을 일으키는 것은 자기 스스로의 짓이다. 누가 증오심을 가져다준 것이 아니고, 누가 화를 만들어 준 것도 아니다. 누군가의 행위나 어떤 상태를 보고 그것이 자기에게 좋지 않다고 느끼거나 자기의 마음에 들지 않고 싶다고 생각할 때에 스스로 그 싫다거나 좋아하지 않는 생각에 빠져들어 증오심을 일으키거나 화를 내는 감정의 상태를 만든 것이다. 만일, 누가 자기의 험담을 하거나 욕을 하는 경우에 그에 대하여 반응하지 않고 그것을 받아들이지 않으면, 오히려 상대방의 마음이 불안해질망정 자기에게는 아무런 영향도 없이 지나가고 말 것이다.

진에는 마음속에서 일어나는 일이기 때문에 그 진에심을 일으킨 사람이 스스로 괴로워할 뿐, 상대방은 자기를 증오하거나 미워하고 있다는 사실조차 모르고 있는 경우가 많으며, 이것은 진에심의 특색의 하나라고 할 수 있다. 그렇기 때문에 증오나 화는 육체적으로나 정신적으로 자기 자신을 괴롭힐 뿐, 그 상대방에게는 큰 영향이 없는 것이 보통이다.

괴로움의 사라짐: 사람이 직면하고 있는 괴로움은 사라지게 할 수 있는 것이라는 것이 곧 고멸성제(苦滅聖諦)이고, 이를 약해서 멸성제 또는 단순히 멸제라고도 한다. 반야심경에서 말하는 '무고집멸도'(無苦集滅道)의 '멸'이 그에 해당한다. 괴로움이 있고, 그 괴로움을 불러온 원인을 알았으면, 그 원인을 없앰으로써 괴로움을 없앨 수 있다는 논리이다. 이 얼마나 고무적이고 희망적인 일인가? 중아함의 분별성제경(分別聖諦

經)[67]에서 사리불은 말하기를 "그가 만일 해탈하여 물들지 않고 집착하지도 않으며, 끊어서 버리고 모두 뱉어서 욕심을 아주 없애버리면 이것을 고멸(苦滅)이라 한다."라고 하여 괴로움의 사라짐은 감각기관을 잘 다스려 집착과 욕심을 버림으로써 가능한 것이라고 하였다.

부처님은 사람의 삶은 언제나 괴로움이라고 가르친 것이 아니다. 그는 우리가 사는 동안에는 기쁨이나 즐거움 또는 아름다움이 있다는 것을 부인하지 않는다. 부처님이 말씀하신 것은 우리에게 있는 기쁨이나 즐거움은 일시적인 것에 지나지 않고, 길든 짧든 간에 곧 사라져 괴로움으로 바뀐다는 것이다. 부처님께서 괴로움을 말씀하신 것은 괴로움 자체를 가르치려는 것이 아니라, 괴로움만으로 가득하거나 행복과 기쁨이 있되 결국 괴로움이 찾아드는 불완전한 우리에게 괴로움에서 벗어나 영원한 행복의 길, 곧 해탈을 추구할 수 있다는 점을 가르치려 한 것이다.

무릇 원인이 있고 그 원인으로 인해서 생긴 것은 고칠 수 있다는 것은 불변의 진리이다. 앞에서도 설명하였지만, 우리가 경험하고 있는 괴로움은 아무런 원인도 없이 자연히 생긴

---

67 중아함 7: 31.

것이 아니고, 우리 스스로가 만든 원인으로 말미암은 것이어서, 그에서 벗어날 수 있는 길이 없을 수 없다. 부처님께서 그 가능성을 천명하신 것이 바로 괴로움의 사라짐의 거룩한 진리이다. 우리를 괴로움으로 이끈 원인만 제거한다면 그 바탕을 잃은 괴로움은 스스로 사라지지 않을 수 없다.

괴로움이 사라지는 길: 앞에서 본 괴로움의 사라짐의 거룩한 진리를 실현하는 길을 가리켜 고멸도성제(苦滅道聖諦)라 하고, 흔히 멸도성제(滅道聖諦) 또는 단순히 도제(道諦)라고도 한다. 고멸도성제는 괴로움을 없애기 위해서 우리가 가야 할 길을 구체적으로 제시한 것이지, 계명(誡命)이나 규범이 아니다. 다시 말하면, 고멸도성제는 괴로움을 없애기 위하여 우리가 실제로 행할 방법이고, 그것은 팔정도(八正道), 곧 여덟 가지 바른길이다.

부처님께서는 잡아함의 일출경(日出經)[68]에서 말씀하시기를 "해 뜨기 전의 모양은 이른바 밝은 빛이 처음으로 빛나는 것과 같이, 비구가 괴로움의 끝을 완전히 다하는 첫 모양은 이른바 바른 소견[正見]이니, 그 바른 소견은 바른 뜻[正志], 바른 말

---

68 잡아함 28: 748.

[正語], 바른 행위[正業], 바른 생활[正命], 바른 방편[正方便], 바른 마음챙김[正念], 바른 선정[正定][69]을 능히 일으킨다. 바른 선정을 일으키기 때문에 거룩한 제자는 탐욕과 성냄과 어리석음에서 마음이 바로 해탈한다."라고 하시어, 팔정도를 구체적으로 적시하셨다. 이 여덟 가지 바른길은 설법의 상대방의 처지나 근기에 따라 여러 가지 다른 형식으로 가르쳐진 경우도 있으나, 기본적인 틀인 여덟 가지 내용에는 변함이 없다.[70]

팔정도: 괴로움을 사라지게 하는 여덟 가지 길, 곧 팔정도 (eight right paths)는 위에서 본 바와 같이 정견(正見), 정사유(正思惟), 정어(正語), 정업(正業), 정명(正命), 정정진(正精進), 정념(正念) 및 정정(正定)의 여덟 가지이다. 해탈을 향하여 나아가는 수행의 덕목(德目)에는 여러 가지가 있지만, 그것들은 모두 계(戒), 정(定), 혜(慧)에 종합될 수 있고, 그것은 부처님께서 "계율의 배움은 복된 이익이 많고, 지혜에 머무르면 으뜸 가는 해탈을 얻으며, 생각을 굳고 고요히 하면 왕성하게 되느니라."[71]라고

---

69 후기에 들어 이들 팔정도 가운데, 바른 뜻[正志]은 정사유(正思惟)로, 바른 방편(正方便)은 정정진(正精進)으로 불리고 있으나, 내용은 같은 것이다

70 팔정도의 구체적인 내용을 설명한 대표적인 경으로 잡아함 28: 785 광설팔성도경(廣說八聖道經)이 있다.

말씀하신 것으로도 쉽사리 알 수 있다. 그런데, 성불하신 직후에 하신 처음 설법에서는 수행할 덕목을 다섯 비구가 알아듣기 쉽게 더 구체적으로 팔정도를 제시하신 것이나, 그것은 앞의 계정혜를 벗어나는 것이 아니다. 곧, 정어, 정업 및 정명은 계의 범주에, 정견, 정사유 및 정념은 지혜의 범주에, 그리고 정정진과 정정은 선정의 범주에 속하는 것임을 알 수 있다. 시간이 흘러 대승불교(大乘佛敎)에 들면서 보살이 가야 할 길로 육바라밀(六波羅蜜), 곧 보시(布施)바라밀, 지계(持戒)바라밀, 인욕(忍辱)바라밀, 정진(精進)바라밀, 선정(禪定)바라밀 및 반야(般若)바라밀이 제시되었으나, 본질적인 차이가 있는 것은 아니다. 우선, 정견과 정사유는 인욕바라밀과 정어와 정업은 지계바라밀과 정명은 보시바라밀과 정정진은 정진바라밀과 정념은 반야바라밀과 정정은 선정바라밀과 각각 상응하는 것이라고 할 수 있기 때문이다.

부처님께서는 중생이 괴로움에서 벗어나기 위한 여러 가지 방편을 말씀하시고, 이들을 정리하시어 37조도품(助道品)[72]으

---

71 잡아함 29: 825 학경(學經).
72 37조도품의 내용을 이루는 것은 사념처(四念處), 사정단(四正斷), 사여의족(四如意足), 오력(五力), 오도(五道), 칠각분(七覺分) 및 팔정도(八正道)이다.

로 종합하셨으나, 그 가운데에서도 유독 사성제와 팔정도에
관하여 가장 많이 언급하시고, 특히 팔정도야말로 바로 중도
(中道)로 통하는 것임을 강조하셨음은 거듭 말할 필요조차 없
는 일이다. 여기에서의 팔정도는 암송(暗誦)의 대상이 아니라
실천의 대상이다. 환자가 병을 고치려면 의사가 처방한 약을
스스로 정성들여 먹어야 하는 것처럼, 괴로움을 사라지게 하
는 길인 팔정도는 스스로 실제로 가야 하는 것이고, 다른 누구
도 대신하여 가줄 수 없는 일이다. 그러기에 팔정도는 실천의
대상이라 하고, 가야 할 '바른 길'이라고 하는 것이다.

앞에서 본 팔정도의 내용을 간단히 설명하고 넘어가는 것
이 좋을 것 같다.

바른 소견[正見]:　정견은 옳고 바른 견해라고 할 수 있지만,
그것은 매우 깊은 뜻을 품고 있다. 여기에서 바른 소견이란 연
기법(緣起法)과 사성제(四聖諦)를 바로 이해함으로써, 아상(我相)
을 떠나 모든 존재에 대한 자비심과 무릇 생명을 아끼고 기르
는 마음을 바탕에 깔고, 실상(實相)을 있는 그대로 볼 수 있는
마음의 상태를 가리킨다고 할 수 있다. 그러므로 여기에서의
정견은 통상적으로 말하는 올바르고 건전한 소견과는 다른

차원의 것이다.

사람들은 감각기관을 통해서 바깥 경계와 접촉함으로써 그 존재를 인식하면서 언제나 자기가 배운 지식, 경험, 취향 등을 기준으로 각색된 상태의 것을 인식하기 때문에, 그것은 사물을 있는 그대로 보는 것이 아니라, '나'라는 거울을 통하여 보고 생각한다. 그렇기 때문에, 같은 장미꽃을 놓고도 어떤 사람은 붉은 장미를 선호하고, 어떤 사람은 흰 장미야 말로 장미다운 꽃이라고 하는가 하면 또 다른 사람은 노랑 장미가 참으로 제격이라고 우긴다. 이 한 가지 예만 보아도 우리의 생각은 모두 나름대로 분별을 수반하는 것임을 잘 보이는 예이고, 우리의 인식이라는 것이 얼마나 자의적(恣意的)이고 허망한 편견에 차 있는지를 보이는 것이다. 바른 소견을 갖는다는 것이 얼마나 중요한 것인지, 또 그것이 얼마나 어려운 일인지를 실감하게 한다.

바른 사유[正思惟]: 정사유란 모든 사물을 각색하지 않고 있는 그대로 바로 보고 생각하는 것을 말한다. 위에서 본 바른 소견을 갖기 위해서는 사유(思惟), 곧 생각을 해야 하므로 그 생각을 바르게 하기 위한 수련은 곧 바른 소견을 갖기 위하여 없을 수 없는 요소임과 동시에, 바른 소견을 갖고 생각을 하면 자연히 바른 사유에 이르게 한다. 결국 바른 소견과 바른 사유는 상보관계(相補關係)에 있는 것임을 알 수 있다. 한편, 생각은 입의 말이나 몸의 행동을 유발(誘發)하는 것이 보통이기 때문에, 바른 사유는 뒤에 볼 바른 말이나 바른 행위를 위하여 불가피하다.

바른 말[正語]: 정어란 친절하고 개방적이며 진실한 말이다. 사람을 흔히 사회적 동물이라고 말하지만, 그것은 사람이 다른 사람과 서로 어울려 산다는 뜻이다. 다른 사람과 어울려 살기 위해서는 서로의 의사를 전달하는 수단으로서의 말을 하지 않을 수 없다. 말은 사람의 생각을 전달하는 수단이다. "천냥 빚도 말 한마디로 갚는다."는 말이 있지만, 말은 인간관계에서 가장 중요한 구실을 하는 매체(媒體)이다. 말을 통해서 서로 호감(好感)을 느낄 수도 있고 감정(感情)을 돋을 수도 있으며, 말 한마디가 상대방에게 비수(匕首)처럼 꽂힐 수도 있다. 그래서 십악(十惡) 가운데 네 가지가 말로 인한 것이고, 오계(五戒) 가운데 하나도 바로 거짓말하지 않는 일이니, 말의 중요성을 알고도 남음이 있다.

바른 행위[正業]: 정업은 몸에 의한 행(行)을 대상으로 하는 것으로서, 우리 생활의 모든 영역에서 요구되는 바른 행위를 가리킨다. 그것은 도덕적이고 평화로우며 남을 해롭게 하지 않는 행위를 말한다고 할 수 있다. 오계(五戒) 가운데 위에서 본 바와 같은 말에 관한 것인 망어(妄語)를 제외하고, 나머지 네 가지, 곧 다른 것의 생명을 빼앗지 않고(不殺生), 물건을 훔치지 않으며(不偸盜), 부정한 이성 관계를 갖지 않고(不邪婬), 술을 마시지 않는 것(不飮酒)이 모두 오계에 드는 것임을 알 수 있다. 한편, 남을 존중하고 남을 도우며 남을 질투하거나 남에게 성내지 않는 행위가 바른 행위에 해당함은 물론이다. 바른 행위를 정 '업' 이라고 하는 것은 업(業)이 행위를 뜻하는 것이기 때문이다.

바른 생활[正命]: 정명은 남이나 사회에 해를 끼칠 위험이 있는 일로 생업(生業)으로 삼지 않는 것이다. 그러므로 바른 생활은 앞에서 본 바른 행위와 직결되는 덕목이라고 할 수 있다. 바른 행위는 자연스럽게 바른 생활로 이어지기 때문이다. 우리의 삶의 모습은 그의 마음을 가장 잘 반영한다. 그래서 사람은 그의 삶의 모습을 보면 그 마음을 알 수 있다고 하는 것이다. 이기적이고 탐욕스러운 생각을 하는 사람일수록 주변의 생각은 아랑곳하지 않고 자기만의 호화로운 생활을 즐기면서 먹는 것을 가리지 않는다. 몸에 좋다면 개나 뱀이거나 지렁이거나를 할 것 없이 마구 먹어대고, 돈이 되는 일이라면 업종과 수단을 가리지 않고 달려든다. 그런 사람일수록 욕심이 욕심을 낳아 늘 불만스럽고 괴로움에 허덕인다.

바른 정진[正精進]: 정정진이란 팔정도의 실행을 이끌어가기 위해서 효과적인 방편을 강구하여 불퇴전(不退轉)의 각오로 꾸준히 노력하는 정력을 말한다. 정정진은 한때 정방편(正方便)으로 불린 적도 있으나, 같은 뜻의 것이다. 정정진은 불도(佛道)를 실행함에 있어서의 요체(要諦)이기 때문에, 대승불교에서의 육바라밀의 하나로 정진바라밀(精進波羅蜜)이 꼽힐 정도이다. 아무리 좋은 가르침이 있어도 그것을 반드시 실현하겠다는 굳은 의지력(意志力)이 없으면 중도에 좌절하거나 시간만 낭비하고 아무런 성과도 거두지 못하는 것이 예사이다. 그뿐만 아니라, 좋은 가르침을 좇으려는 경우에도 그 실행과정에는 장애가 앞을 가리는 수가 적지 않다. 여기에 참으로 필요한 것이 정정진임을 알 수 있다.

바른 마음챙김[正念]: 정념은 쉽사리 흐트러지지 않도록 주의 깊게 집중된 마음으로 관찰하는 것을 말한다. 다시 말하면, 어느 한 가지 일에 주의를 집중시켜 주의 깊고 투철하게 알아

차리는 것을 말한다. 이를 흔히 관(觀)이라거나 비파사나(毘婆舍那: sati, vipassana)라 말하며, 팔정도 가운데 핵심이 되는 것이 바로 이 정념이고, 불교에 특유한 수행 방편이다. 그런데, 오늘날과 같이 주의를 분산시키기 쉽고 혼란스러운 상태에 둘러싸여 생활하는 사람들의 입장에서는 매 순간 올바로 마음을 챙긴다는 것이 여간 어려운 일이 아니다. 이른바, 현대인들은 끊임없이 흘러나오는 뉴스, 알기조차 힘들게 많은 광고, 인터넷(internet)과 스마트 폰(smart phone)의 거센 물결 속에서 헤어나지 못하고 있다고 해도 과언이 아닐 정도이니, 매 순간 집중하여 그 순간의 상태를 깊이 들여다본다는 것이 여간 어려운 일이 아니다. 더욱이, 정념은 뒤에서 볼 정정(正定)을 전제로 하는 것이기 때문에 그 실행이 더욱 어려운 것이 사실이나, 참된 지혜는 정념을 통해서만 얻을 수 있음을 유의할 필요가 있다. 정념은 바로 이 순간 이곳의 것을 분별없이 또 반응 없이 살펴보는 것이다. 엄격히 말할 때, 정념을 뜻하는 'sati'란 바로 이 순간의 마음을 관찰하는 것이다.

바른 선정[正定]: 정정은 한 곳에 집중된 고요한 마음의 상태를 가리킨다. 그래서 정정을 지(止) 또는 정(定)이라 하고, 위의 정념을 비파사나(毘婆舍那: vipassana)라고 하는데 대하여, 사마타(奢摩他: samatha)라 한다. 사람의 일상적인 생각이란 물거품 같은 것이어서, 생겼는가 하면 사라지고, 사라졌는가 하면 또 생겨나기를 종잡을 수 없이 반복하는 것이 뜬구름을 능가하고도 남음이 있다. 생각이라는 것은 과거, 현재, 미래를 거리낌 없이 내왕하는가 하면, 그 내용도 엉뚱하기 짝이 없다. 그러자니 사람의 마음이 한때도 편하지 않고, 늘 들떠 있는 것이다. 들떠 있는 상태에서 되는 것은 아무것도 없다. 그래서 정정을 해야 하는 것이다. 이 생각 저 생각하며 돌아다니는 것을 그치고 고요하게 머무는 것이다. 그래서 부처님께서는 열반경의 사자후보살품(獅子吼菩薩品)에서 이르시기를 "사마다가 앞서고 비파사나가 뒤따라야 한다."고 강조하신 것이다.[73]

이러한 여덟 가지 바른 길, 곧 팔정도는 암송(暗誦)의 대상이 아니라 실천의 방법인 것이다. 환자가 병을 고치려면 의사가 처방해 준 약을 스스로 먹어야 하는 것처럼, 팔정도는 스스로 실제로 가야 하는 길이다. 우리 앞에 길은 많지만, 우리가 가야 할 바른 길은 오직 하나뿐이다. 그 길이 곧 팔정도인 것이다.

---

73 대반열반경 제23-3, -4, 사자후보살품.

무고집멸도(無苦集滅道)

앞에서 '고집멸도', 곧 괴로움, 괴로움의 모임, 괴로움의 사라짐, 괴로움이 사라지는 길에 관해서 간단히 살펴보았거니와, 부처님께서 다섯 비구에 대한 초전법륜을 비롯하여 반열반에 드시기 직전 스밧다라에 대한 설법에서까지 자상하게 설하신 사성제조차 없는 것이라고 한다. '무고집멸도' 앞에 '공중'이 붙어야 하지만, 앞에서 본 바와 같이 중복을 피하는 뜻에서 생략한 것이다. 그러므로 원뜻은 "공 가운데에는 고집멸도도 없다"는 말이다.

'공'의 차원에서 본다면 부처님의 가장 핵심적인 가르침인 사성제, 곧 고집멸도(苦集滅道)조차 없는 것이라니, 도대체 무슨 말인가? 원래, 사성제는 사람이 안고 있는 괴로움을 없애는데 관한 가르침이다. 그런데, 괴로움이란 고성제(苦聖諦)에 대한 설명 부분에서도 본 바와 같이 실체가 있는 것이 아님은 물론, 유형적(有形的)으로 존재하는 것도 아니다. 괴로움은 오로지 사람의 의식작용(意識作用)에 불과하여, 우리의 마음속에서 생겼다가 마음속에서 사라진다. 괴로움이라는 것은 볼 수 있거나 만질 수 있는 것도 아니고, 오직 자기 자신이 느끼고 생각하는 것뿐이다. 그러므로 딱히 있다고 할 것도 없고, 그렇다고 없다고 할 수도 없는 것이 괴로움이다. 그래서 괴로움이라고 해도 마음먹기 하나에 달린 일이라고 하는 것이다.

어디 그뿐인가? 아무 일도 없는데 괴로움이라는 것이 괜히 생기는 것이 아니다. 괴로움의 모임(苦集聖諦)에 대한 설명에서 본 바와 같이 괴로움은 상당한 원인이 있어서 생겨나는 것이고, 그 원인의 대표적인 것이 바로 탐욕(貪欲), 진에(瞋恚), 우치(愚癡)와 같은 삼독(三毒)임을 알았다. 그러니, 무형적(無形的)인 마음의 작용인 '고집멸도' 라고 해도 모두 서로 다른 요인들이 연(緣)이 닿아 모여서 이루어진 것에 불과하다. 결국, 사성제, 곧 '고집멸도' 라고 해도 형상을 갖는 사람의 일이지, '공' 의 관점에서 볼 때는 없는 것이다.

8 무지역무득

無智亦無得
무 지 역 무 득

●

지혜도 없고 얻을 것도 없다.

공 가운데에는 지혜라는 것도 없고 또 얻을 것도 없다고 한다. 그것은 또 무슨 말인가?

무지(無智)

지혜: 일반 사람들은 지혜라고 하면 분명히 다른 무엇인가가 있는 것으로 생각하는 것이 보통이다. 그래서 그 지혜를 쌓기 위해서 선지식도 찾아다니고, 좋다는 책이나 자료를 모아 스스로 공부에 열중한다. 꽤 긴 세월 동안 나름대로 정진을 거듭했는데도 잡히는 것이 없으면 자기의 무능을 자괴(自愧)하거나 스스로 정진이 부족한 것을 자책(自責)하기도 한다. 그러나 깨달은 사람의 처지에서 볼 때는 지혜라고 부를 만한 아무것도 없다. 슬기롭고 안다는 것, 지혜가 따로 있는 것이 아니다. 집중하여 골똘히 참구하다보면 무엇인가 가슴속에 와 닿는 것이 있고, 그것을 자기가 스스로 느끼고 깨달을 뿐, 깨닫기 전이나 깨달은 후나 달라진 것은 아무것도 없다. 금강경에 보면 수보리존자가 부처님께 "세존이시여! 부처님께서 무상정등각을 얻으신 것은 얻은 바가 없는 것입니까?"라고 묻자, 부처님께서는 "그렇다, 그렇다. 수보리여! 내가 무상정등각 내지 얻을 수 있는 작은 법도 없으므로 무상정등각이라고 부르니라."라고[74] 답하신 내용이 있다. 심지어 부처님께서 깨치신

무상정등각(無上正等覺)의 경지조차 따로 있는 것이 아니라고
단언하신 것이다.

주리반특: 깨달음에 관한 이야기로 초기경(初期經)은 주리
반특(周利槃特)의 이야기를 전한다. 항간(巷間)에서는 멍청한 사
람을 가리켜 "반특 같은 사람"이라고 한다. 주리반특은 당시
의 부처님 제자 가운데 가장 머리가 둔한 사람으로 알려진 사
람이다. 증일아함의 선지식품(善知識品)[75] 12는 그의 이야기를
다음과 같이 전한다. 그는 워낙 머리가 둔해서 앉아서 들은 것
을 일어서면서 잊어버리고, 서서 배운 것을 돌아서기가 바쁘
게 잊어버려 어떻게 해볼 도리가 없는 사람이었다. 본인은 남
들처럼 부처님 가르침을 배우기 위해서 열심이었지만, 워낙
머리가 나쁘다보니 해볼 도리가 없었다. 그러던 어느 날, 그의
형 반특존자(槃特尊者)가 그를 불러 "배울 수 없으면 세속에 돌
아가 농사나 지어라."라고 말하자, 주리반특으로서는 청천벽
력(晴天霹靂)과도 같은 형의 말에 설움이 복받쳐 기원정사의 문
옆에 서서 눈물을 흘리고 있었다. 그때 정사 안에서 그 광경을

---

74 "世尊, 佛得阿耨多羅三藐三菩提 爲無所得也, 佛言 如是如是 須菩提 我於
阿耨多羅三藐三菩提 乃至無有少法可得 是名阿耨多羅三藐三菩提."
75 증일아함 11:20.

미루어보신 부처님께서는 천천히 그의 곁으로 가시어 "비구는 왜 여기에서 이렇게 눈물을 흘리고 있는가?"라고 친절히 물으셨다. 주리반특은 부처님께 대답하기를 "세존이시여! 저는 형에게 쫓겨났나이다. 형은 '배울 수 없으면 세속에 돌아가 농사나 지어라.' 라고 하였나이다. 그래서 여기에서 이렇게 눈물을 흘리고 있나이다."라고 솔직히 말씀드렸다.

부처님께서는 주리반특의 손을 이끄시고 방에 드시어 말씀하시기를 "멍청하면서도 스스로가 멍청하다는 것을 모르는 것이 참으로 멍청한 사람이다. 너는 스스로 멍청하다는 것을 알고 있으므로, 참으로 멍청한 사람이 아니다."라고 말씀하신 뒤, 빗자루 하나를 손에 들려주시면서 이것으로 "티끌을 쓸고 때를 닦아내라"라고 이르셨다. 우직(愚直)한 주리반특은 그날부터 부처님께서 주신 빗자루로 정사(精舍)의 이곳저곳을 두루 청소하면서, 부처님께서는 왜 빗자루를 주시면서 "티끌을 쓸고 때를 닦아내라"고 가르치신 것일까를 골똘히 생각하였다. 그 결과, 많은 시일이 지난 뒤, 자기 손에 들린 빗자루는 바로 지혜요, 티끌과 때는 결박(結縛)이니, 지혜의 비로 결박을 쓸어내라는 뜻임을 이해하게 되었다. 여러 도반(道伴)으로부터 멍청이로 조롱당하던 주리반특은 드디어 지혜의 빗자루로 번뇌의 티끌과 마음의 때를 쓸어냄으로써 신통설법제일(神通說法第

一)로 불리는 아라한이 되었다. 주리반특이 마음의 티끌[塵埃]을 없애는 데 지혜 구실을 한 것은 다름 아닌 빗자루였다. 부처님께서 자기 손에 들려주신 빗자루의 뜻을 새김으로써 그 빗자루 속에 담긴 지혜를 터득한 것이다. 그렇다고 주리반특에게 무엇인가가 새로이 생긴 것도 없고, 유형적으로 얻은 것도 없다. 사람들은 지혜라고 하면 바로 그에 매어 운신(運身)을 못 한다. 자기를 매이게 하는 것은 벌써 지혜라고 할 수 없다. 지혜는 오히려 모든 결박을 풀고 훨훨 날 수 있는 자유로움을 안겨줄 뿐이다. 그러니 지혜로운 사람의 눈으로 볼 때 지혜라고 할 만한 그 무엇이 있는 것이 아니다.

무득(無得)

불자들 가운데에는 경전공부에 열중하고 수행에 정진하면 무엇인가 얻어지는 것이 있다고 생각하는 예가 없지 않다. 그러나 공부하고 수행함으로써 삼독을 여의어 스스로의 마음이 평온하고 생각이 훤칠하게 맑아질 뿐 따로 얻는 것이 있는 것이 아니다. 금강경의 일상무상분(一相無相分)은 성문사과(聲聞四果)에 관한 부처님과 수보리존자 사이의 대화로 짜여 있다. 부처님께서 수보리존자에게 수다원(須陁洹), 사다함(斯陀含), 아나함(阿那含)이 나는 각각 수다원과, 사다함과, 아나함과를 얻었다고 생각하겠는가를 차례로 물으신 다음, "수보리여! 그대 생각은 어떠한가? 아라한이 '나는 아라한의 경지를 얻었다.'고 생각하겠는가?"라고 물으시자, 수보리존자는 대답하기를 "아니옵니다, 세존이시여! 왜냐하면 실제 아라한이라 할 만한 법이 없기 때문입니다. 세존이시여! 아라한이 '나는 아라한의 경지를 얻었다.'고 생각한다면 자아, 개아, 중생, 영혼에 집착하는 것입니다."라고 말씀드렸다. 초기불경을 보면 수행에 정진하면 그 수행의 도에 따라 수다원, 사다함, 아나함 또는 아라한이라는 성문사과를 얻는다는 설명이 자주 눈에 띈다. 그 연장 선상에서 500나한(羅漢)[76]이라는 말도 있다. 그런데 수보리존자의 말처럼 그 성문사과도 실제로 그러한 경지가 따로 있는 것이 아니라는 것이고 보면, 결국은 성문사과라는 것도 얻을 수 있는 대상으로 존재하는 것이 아니어서 얻을 것이 없는 것이다.

사람들은 무엇인가 얻을 것이 있다고 하면 바로 그것을 손에 넣으려고 집착하게 된다. 집착 자체가 큰 병인데도 그것을 모르고 그에 매이다 보니, 그것이 손에 들어오지 않으면 번뇌가 생기고, 다행히 손에 들어온다고 해도 손에 들어와 얼마 지

---

76 나한(羅漢)은 아라한의 약칭이다.

나지 않아 그것이 변하고 망가지면 또 그런대로 고민거리가 된다. 원래 모든 것이 무상(無常)한 것인데도 불구하고 그러한 우주의 진리를 제대로 이해하지 못하다 보니 매달리고 고민 하는 것이다. 관자재보살의 말대로 지혜랄 것도 없고 얻을 것 도 없으니[無智亦無得] 매달릴 필요가 없다. 매달려 보았자 헛일 이다. 이렇게 말하면, 혹자(或者)는 과연 그렇다면 무엇 하려고 경전공부를 하고 마음을 닦는다고 다리를 틀고 앉아 참선수 행(參禪修行)하는가 하고 물을지도 모른다. 모든 것은 인연의 결과이고, 상대적이며 의존관계에 있는 것이다. 그러니 아무 것에도 매임이 없이 좋은 씨앗이 여물도록 힘써 그 씨앗이 충 실한 싹을 틔울 수 있는 여건을 만들 뿐이다. 그것으로 족하다.

불(不)과 무(無)의 법문(法門)

관자재보살은 먼저 오온은 모두 '공'하다[五蘊皆空]고 한 다 음, 공 가운데에는 오온과 육근(六根), 육경(六境), 육식(六識)과 12인연(因緣) 및 사성제(四聖諦)와 지혜 및 무릇 얻을 것이 모두 없다고 천명함으로써 '공'의 모습을 드러내 보였다. '공'을 세워 불(不)과 무(無)로 이어진 법문이라고 할 수 있다. 우리가 가장 소중하게 생각하고 아무런 의심 없이 철저히 매여있는 우리의 몸이라는 것도 잘 알고 보면 인연의 화합으로 여러 인자(因子)가 모여서 된 가유(假有)에 지나지 않고, 매 순간 변하는 과정을 거듭하다 보면 어느덧 인연이 다하여 죽음을 맞게 된다는 것은 어찌할 수 없는 엄연한 진리이다. 어디 육신(肉身)만의 일인가? 마음은 한술 더 뜬다. 마음이라는 것은 한때도 가만히 있지 않고 방정을 떤다. 우리가 '나'라고 철석같이 믿고 기대고 있는 것이 이처럼 실체(實體)가 없는 가유(假有)에 지나지 않으니, 나머지 것은 이를 필요조차 없다. '공'의 차원, 근본의 처지에서 볼 때는 모든 것은 '공'에서 비롯되고 '공'으로 돌아가는 것이지, 그 자체의 실체가 없다. 매일 것이 없고, 욕심낼 것이 없다. '공'을 이해하고 '공'인 채로 그냥 두면 되는 것이다.

그러나 여기에서 다시 짚고 넘어가야 할 것은 '공'이란 아무것도 없이 텅 비었다는 뜻이 아니라, 오히려 모든 것을 껴안은 넉넉하고 안정된 상태로서, 모든 것은 우주의 '공'한 상태에 그 바탕을 두고 있다는 점이다. 관자재보살은 무(無)를 반복해서 설했지만, '무'는 아무것도 없어 공허(空虛)하다는 뜻에서의 '무'가 아니고, 모든 생명의 바탕을 구태여 '무'로 표현한 것뿐이다. 노자(老子)는 '무'에서 남이 있다(有生於無)고 하면서, 그의 도덕경 첫머리에서 "이름이 없음은 천지의 시초요, 이름이 있음은 만물의 생김이다. 그러므로 영원한 '무'로써 그 오묘함을 보이려 하고, 영원한 '유'로써 그 밝음을 보이려 한다."[77]라고 하여, '무'는 천지로, '유'는 만물로 연결 지으면서, 이들 둘은 같이 나와 이름을 달리할 뿐이라고 한다. 사실, '유'와 '무'는 칼로 무 자르듯 구획될 수 있는 것이 아니라, 서로 부둥켜안고 돌아가는 상호의존관계(相互依存關係)에 있는 것이다. 그래서 無 자(字)는 원래 춤출 무(舞) 자와 같은 꼴로 춤의 뜻을 형상화한 글자로써, 적극적인 활동성을 함축(含蓄)하고 있다.

거문고 소리: 잡아함의 금경(琴經)[78]은 부처님께서 코삼비(Kosambi)의 코시타라마 동산에 계시면서 여러 비구에게 말씀하신 내용을 전한다. 부처님의 말씀은 다음과 같다.

"지나간 세상에 어떤 왕은 일찍이 듣지 못한 좋은 거문고 타는 소리를 듣고 몹시 사랑하고 즐기면서 그 소리에 빠지고 집착하여 여러 대신에게 물었다. '저것은 무슨 소리인가? 매우 사랑스럽고 즐겨할 만하구나.' 대신들은 아뢰었다. '저것은 거문고 소리입니다.' 왕은 대신들에게 말하였다. '저 소리를 가져오너라.'

---

77 無名天地之始 有名萬物之母 故常無 欲以觀其妙 常有 欲以觀其徼.
78 잡아함 43: 1169.

대신들은 왕의 명을 받고 곧 가서 거문고를 들고 와서 아뢰었다. '대왕이시여! 이것이 거문고이온데, 좋은 소리를 내는 것이옵니다.' '내게는 거문고가 필요 없다. 앞서 듣던 그 사랑스럽고 즐거워할 만한 소리나 가지고 오너라.'

'이런 거문고에는 여러 가지 기구가 있습니다. 곧, 자루도 있고 바탕도 있으며, 여도 있고 줄도 있으며, 가죽도 있어서 기술이 있는 사람이 이것을 탈 때 여러 가지 기구의 인연을 얻어서 비로소 소리가 되는 것입니다. 여러 가지 기구를 얻지 못하고는 소리를 낼 수 없습니다. 앞서 들은 소리는 이미 지나간 지 오래요, 그것은 이미 사라져서 가지고 올 수 없습니다.'

그때 대왕은 이렇게 말하였다. '아아! 그런 거짓 물건을 어디에 쓸 것인가? 세상의 거문고란 모두 거짓 물건이다. 그런데 세상 사람들을 빠지게 하고 집착하게 하는구나. 너희들은 이것을 가지고 가서 조각조각 부수어 시방에 버려라.' 대신들은 명을 받고 백 조각으로 부수어 여러 곳에 버렸다.

이와 같이, 비구들이여! 몸과 느낌과 생각과 뜻과 욕심의 이 모든 법은 덧없는 것이요, 마음은 인연으로 생기는 것임을 알면서 곧 '이것은 나요, 내 것이다.'라고 말한다. 그러나 그것들은 다른 때에 모두 없어지는 것이다. 비구들이여! 이와 같이 고르고 바른 지혜로 참되게 관찰하여야 하느니라."

참으로 정곡(正鵠)을 찌른 비유설법이라 하지 않을 수 없다. 소리가 따로 있는 것이 아니요, 거문고라는 실체가 본래부터 있는 것이 아니다. 거문고 소리는 거문고를 탐으로써 그 거문고 타는 손가락과 거문고 줄 등이 조화를 이루어 만들어내는 일시적인 음파(音波)의 굴절에 지나지 않고, 거문고라는 것도 위의 경에서 본 바와 같이 나무를 쪼개서 만든 거문고의 몸통에 괘와 각종 현 및 학슬과 운족 등을 결합하여 만들어 낸 구조물이다. 그러므로 아무리 정교하게 만든 좋은 거문고라고 해도 만들어진 뒤에 시일이 흐르고 자주 사용함으로써 닳고 낡아져서 결국은 쓰지 못할 고물(古物) 덩어리가 되어 버릴 곳을 찾게 된다. 모든 것의 근본은 '공'이요, 사람들이 있는 것으로 느끼고 생각하는 것은 근본의 처지에서 볼 때는 아무것도 아님을 알아야 한다.

9 심무괘애 원리전도몽상

以無所得故 菩提薩埵 依般若波羅蜜多故
이 무 소 득 고 보 리 살 타 의 반 야 바 라 밀 다 고

心無罣礙 無罣礙故 無有恐怖 遠離顚倒夢想 究竟涅槃
심 무 괘 애 무 괘 애 고 무 유 공 포 원 리 전 도 몽 상 구 경 열 반

●

얻을 바가 없으므로 보살이 반야바라밀다에 의지하기 때문에
마음에 장애가 없고, 장애가 없으므로 두려움이 없어서,
뒤집힌 헛생각을 멀리 떠나 마침내 열반에 이른다.

위에서 본 공(空), 불(不), 무(無)에 관한 설명으로 우주의 진리에 관한 설명의 둘째 단락은 끝난 셈이다. 이제 마지막 단락에서는 그 진리를 머리에 둔 행(行)과 과보(果報)에 관한 설명이 이어진다.

이무소득고(以無所得故)

앞에서 본 마지막 문장은 "지혜도 없고 얻을 것도 없다"[無智亦無得]는 말이었다. '공' 의 경지에서 보면 지혜라고 할 것도 없고 그렇다고 특별히 얻을 바가 있는 것도 아니라고 했다. 과거에도 그랬고, 현재도 그렇듯이 앞으로도 그럴 뿐이다. 그것이 바로 여여(如如)하다는 것이다.

비워야 들어간다는 것은 더 없는 진리이다. 꽉 찬 그릇에 아무리 무엇을 더 넣으려 해도 넘쳐날 뿐 들어가지 않는다. 아무리 맛이 있는 음식을 내놓아도 배가 부르면 입맛이 당기지 않고, 먹어보았자 맛이 없다. 그와 마찬가지로, 소득을 생각하지 않고 하는 일이라야 힘도 덜 들고 성과도 오르기 마련이다. 그렇지 않고 매사를 소득과 결부(結付)시켜 행동한다면 같은 일을 하면서도 힘이 더 들고 지루하며 능률이 오르지 않는 것이 보통이다. 관자재보살은 앞에서 오온개공(五蘊皆空), 곧 "모든 것은 공이다."라고 천명한 다음, '공' 가운데에는 오온,

육근, 육경, 육식, 12인연, 사성제도 없고, 지혜나 얻을 것도 없다고 하여, 모든 것을 비워냈다. 이제는 빈자리를 채워주는 일이 있을 뿐이다. 철저히 비워냈기 때문에, 채우는 일은 그리 어려운 일이 아니다.

바로 "얻을 바가 없기 때문에" 다음에 보는 바와 같이 보살은 반야바라밀다에 의지하는 것이다. 사람들은 작은 일만 하려고 해도 그 일을 함으로써 어떠한 이익이 있을지, 얻는 바가 무엇인지를 챙겨보고, 만일 얻을 것이 없을 것 같으면 헛일로 치고 손을 떼는 것이 예사이다. 매사(每事)에 타산적(打算的)이어서, 손해 볼 만한 일은 아예 피하는 것이 현명한 것으로 생각한다. 그러나 세상의 모든 일이 산수(算數)의 셈하듯 돌아가는 것은 아니다. 특히 관세음보살께서 사리불을 상대로 말하고 있는 반야바라밀다의 차원에서의 세계는 유무(有無)나 득실(得失)로 헤아릴 수 있는 것이 아니다. 그러므로 보살과 삼세제불은 모두 반야바라밀다에 의지할 뿐이라고 한다.

보리살타(菩提薩埵)

보살: 보리살타는 산스크리트어인 보디사트바(bodhisattva)를 음에 따라 한역한 것으로, 지혜를 깨친다는 보리(菩提)와 중생이라는 뜻에서의 살타(薩埵)를 결합한 것이다. 그래서 중국

에서는 이를 보통 각유정(覺有情), 곧 깨친 중생이라는 뜻으로 이해하고 있는데, 보리의 보(菩)와 살타의 살(薩) 자를 따서 '보살'이라고 줄여 말하는 것이 보통이다. 보살은 대승불교에 들어 쓰이게 된 용어로, 대승불교는 보살의 불교라고 해도 과언이 아닐 만큼, 보살은 중요한 의미를 가진다.

보살은 대승불교에서는 불교에 귀의하여 수행에 힘쓰는 사람을 총칭하는 것이지만, 더욱 엄격히 말한다면 큰마음을 내어 불도에 들어와 사홍서원(四弘誓願)을 내고 육바라밀(六波羅蜜)을 수행함으로써 위로는 보리를 구하고 아래로는 중생을 교화하기 위하여 정진하는 사람을 가리킨다. 그러므로 보살은 자각(自覺)하려는 사람이면서, 동시에 남을 자각(自覺)으로 이끄는 사람이다. 그래서 앞에서 말한 것처럼 상구보리(上求菩提) 하화중생(下化衆生) 하려는 사람이라고 하는 것이다. 참된 보살의 생활이 되게 하기 위해서 불교에서 제시하는 덕목으로 사섭사(四攝事)와 육바라밀(六波羅蜜)을 들 수 있다.

사섭사: 사섭사(四攝事)란 보살이 섭수(攝受)할 네 가지 일로서, 보시(布施), 애어(愛語), 이행(利行) 동사(同事)이다. 보시섭(布施攝)은 말할 것도 없이 재물이나 불법 따위를 남을 위해 베풂으로써 널리 남을 돕는 것을 말한다. 흔히 보시라고 하면 재물

의 보시만을 떠올리는 예가 많지만, 불법을 전한다거나 남의 걱정거리를 덜어주는 것과 같은 방법의 보시도 가능하다. 애어섭(愛語攝)이란 사랑이 담긴 참되고 부드러운 말로 남에게 즐거움을 주는 것을 말한다. 속담에 "말 한마디로 천 냥 빚도 갚는다."는 말도 있지만, 무심코 한 말 한마디로 사람의 마음을 상하게 할 수도 있고, 용기와 기쁨을 줄 수도 있다. 그래서 팔정도(八正道) 가운데 하나로 바른 말(正語)이 꼽히고 있는 것이다. 이행섭(利行攝)은 방편을 다하여 남에게 이익이 될 행위를 하는 것을 말한다. 요새 사람들은 서슴없이 경쟁사회(競爭社會) 또는 경쟁시대(競爭時代)라는 말을 쓰면서, 남에게 이익이 되는 행위를 하는 것은 고사하고, 행여 경쟁에서 남에게 질세라 안간힘을 다 쓰는 것이 예사로 되었다. 그러나 사람은 결코 혼자서는 살 수 없는 것이고, 주변의 많은 사람은 물론, 헤아릴 수 없이 많은 동식물(動植物)과 어울리고 도움을 받으면서 삶을 유지하는 것임을 유의해야 한다. 끝으로, 동사섭(同事攝)은 남의 원하는 일을 이해하고 도와서 함께 거드는 것을 말한다. 남이 하는 일을 도와준다는 것은 그 자체로 매우 숭고한 의미가 있는 일이다. 사섭사(四攝事)는 대승불교가 대두되기 이전에도 강조되던 덕목으로, 초기 경전에서도 자주 눈에 띈다. 잡아함의 섭경(攝經)[79]에서 부처님께서는 "만일 모든 법

중에서 많은 사람이 취하는 것이 있다면 그것은 모두 네 가지 거두어 주는 일일 것이다. 어떤 이는 한결같이 보시를 취하고, 어떤 이는 좋은 말을 취하며, 어떤 이는 이익 주기를 취하고, 어떤 이는 이익 함께 하기를 취한다."라고 비구들에게 말씀하셨는바, 이는 바로 사섭사를 가르치신 내용이다. 이러한 네 가지 거두어 주는 마음을 일상화하는 것이 곧 보살심(菩薩心)인 것이다.

육바라밀: 대승불교에서는 보살이 마땅히 해야 할 행으로 육바라밀(六波羅蜜)을 든다. 보시바라밀(布施波羅蜜), 지계바라밀(持戒波羅蜜), 인욕바라밀(忍辱波羅蜜), 정진바라밀(精進波羅蜜), 선정바라밀(禪定波羅蜜) 및 반야바라밀(般若波羅蜜)을 육바라밀이라고 한다. 바라밀 또는 바라밀다는 앞에서 이미 설명한 바와 같이 '건너다'라거나 '이르다'와 같은 뜻을 지닌 산스크리트어인데, '피안에 이른다.', 바꾸어 말하면 이 미망(迷妄)과 번뇌(煩惱)의 세계에서 해탈(解脫)의 세계, 열반(涅槃)의 세계에 이른다는 뜻으로 쓰인다. 육바라밀은 바로 그와 같은 바라밀을 실현할 여섯 가지 행이라는 뜻이다. 육바라밀의 내용을 요약

---

79 잡아함 26: 669.

해 보고자 한다. 먼저, 보시는 위에서 본 보시섭의 '보시'와 같은 뜻이다. 그러므로 탐착심(貪着心)을 버리고 자기의 능력을 다하여 남을 돕는 행위를 가리킨다. 지계란 계율을 지니고 지킴으로써 바른 생활을 하는 것을 말하고, 인욕은 매사에 참고 겸양(謙讓)하는 마음가짐을 가리킨다. 정진은 자기의 최선을 다하여 꾸준히 노력하는 자세를 말하고, 선정은 마음을 고요하게 집중시켜 안정을 유지하도록 하는 것을 말한다. 마지막으로, 반야는 지혜를 뜻하지만, 단순한 지혜가 아니라 반야의 지혜를 가리킨다. 이들 육바라밀을 성심을 다하여 수행하여 일상화하는 것이 곧 보살행(菩薩行)인 것이다.

의반야바라밀다고(依般若波羅蜜多故)

보살이 행한 것은 반야바라밀다에 의지한 일이다. 왜 반야바라밀다에 의지했는가 하면, 모든 것은 무소득(無所得)이기 때문이다. 얻을 것이 따로 없다면 이것저것 해보았자 헛수고에 그친다. 그래서 오로지 반야바라밀다에 의지한 것이다. 그러면, 반야바라밀다에 의지한다는 것은 '함'에 속하는 것이 아니라는 것인가? 반야바라밀다란 현상을 뛰어넘는 반야의 지혜를 가리킨다. 반야의 지혜는 일체의 집착을 벗어나고 분별을 여읜 지혜로서, 구태여 말한다면 노자(老子)가 말한 위무

위(爲無爲), 곧 인위적(人爲的)으로 함이 없는 함이다. 지혜란 원한다고 얻어지는 것이 아니고, 그에 대한 탐착이 클수록 오히려 멀어지는 것이 지혜의 특성이라고 할 수 있다. 지혜는 모든 것을 철저히 털어냄으로써 보이기 시작하는 것이다. 탐진치(貪瞋癡)의 삼독(三毒)을 비롯해서 모든 상(相)과 분별심을 벗겨내고 비워내면 스스로 고개를 내밀고 미소(微笑)짓는 것이 바로 지혜인 것이다. 마치 구름만 깨끗이 벗겨지면 훤칠하게 뚫린 푸른 하늘이 거기에 있고, 눈 부신 태양이 빛나고 있는 것과 같다. 그러니 거기에 의지할 유위적(有爲的)인 것이 있을 것도 없고, 구태여 말한다면 있는 그대로를 받아들이는 것뿐이다.

관자재보살이 말한 "반야바라밀다에 의지한다."는 것은 바로 이 무위적(無爲的) 행위, 곧 비의도적(非意圖的)인 행위이다. 그러므로 거기에 소득이랄 것이 없고, 유위적으로 의지할 것도 없는 일이다. 관자재보살은 어떻게 하여 오온이 모두 공하다고 비추어 보고[照見五蘊皆空] 일체의 고액을 뛰어넘은[度一切苦厄] 것인가? 바로 깊은 반야바라밀다를 행할 때[行深般若波羅蜜多時]라고 했다. 다시 말하면, 관자재보살도 반야바라밀다를 행함으로써 '공'의 이치를 이해하고 모든 고액에서 벗어난 것이다. 관자재보살이 행한 것과 마찬가지로 보살들도 반야바라밀다에 의지했다고 한다. 그런데, 팔천송반야경은 제3품에서 말하기를 "다섯 바라밀은 반야바라밀 가운데 포함되느니라. 아난다여! 반야바라밀이란 육바라밀(六波羅蜜)이 완전해진 또 다른 이름이니라. 그러니 아난다여! 반야바라밀이 이야기될 때는 육바라밀이 모두 이야기되는 것이니라."라고 하여, 반야바라밀다를 행한다는 것은 곧 육바라밀을 행한다는 것이고, 그것이 반야바라밀다에 의해서 포괄적으로 설명되는 것뿐이라고 한다. 그런 까닭에, 명추회요에서는 "보살은 반야바라밀의 힘을 쓰기 때문에 일체법 안에서 필경공(畢竟空)의 마음을 닦는다. 그러므로 일체법에 대하여 분별이 없다."고 하였는바,[80] '공'과 '불공'(不空)을 함께 봄으로써 중도의 이치에 따라 행할 수 있는 것이다.

육바라밀의 수행(修行)

반야바라밀에 의지하려면 먼저 의지할 반야바라밀을 성취해야 할 것이고, 그러려면 앞에서도 본 바와 같이 육바라밀을 닦아 이루어야 할 것은 당연한 일이다. 여기에서 반야바라밀에 의지한 분은 보리살타, 곧 보살이기 때문에 이미 반야바라밀을 수행하여 성취한 것을 전제로 한 것이라고 할 수 있다.

----

80 명추회요, 246쪽.

여기에서는 일반 불자, 곧 대승에서의 보살을 위하여 육바라밀의 수행을 위한 바탕에 관하여 언급하고자 한다. 다시 말할 것도 없이 육바라밀을 닦으려면 37조도품(助道品)에 따르는 충실하고 꾸준한 수행이 요구되고, 특히 팔정도를 부지런히 닦아야 하겠지만, 그러한 수행에 있어 흔들림 없이 의지할 곳을 살펴보려는 것이다.

의지할 곳

무엇에 의지할 것인가? 사람은 무엇인가에 의존하려는 경향이 많다. 자기의 부족함과 무력함을 의존을 통해서 보완해 보려는 생각에서이다. 어려서는 부모에 의지하고, 사회에 나와서는 친구라거나 선배에게 의지하며, 나이 들어서는 자식에게 의지하려는 것이 그것이다. 그런데, 불자(佛子)로서 의지한다는 것은 부처님의 바른 가르침을 배워 익혀 불자로서의 생활에 흐트러짐이 없도록 함은 물론, 한 걸음 나아가 해탈의 경지에 이르기 위한 것이다. 그러므로 불자가 의지할 곳은 부처님께서 이르신 대로 삼보(三寶)이다. 이는 유일신(唯一神)을 믿는 종교의 경우, 전적으로 그 신을 믿고 신에게 기도하는 것과 크게 다른 점이다.

삼보(三寶): 불자들이 의지할 곳으로 드는 것은 삼보, 곧 불 (佛), 법(法), 승(僧)이다. 증일아함의 삼보품(三寶品)[81]에서 부처 님께서는 비구들에게 "세 가지 귀의하는 덕이 있다. 어떤 것 이 세 가지인가? 이른바, 부처에 귀의하는 첫째 덕과 법에 귀 의하는 둘째 덕과 승가(僧伽)에 귀의하는 셋째 덕이다."라고 말 씀하신 다음, 게송으로 이르시기를 "첫째로 부처를 받들어 섬 기면 그것은 가장 높아 위가 없으며, 다음으로 그 법을 받들어 섬기면 탐욕이 없어지고 집착이 없고, 거룩한 무리를 공경히 받들면 그것은 가장 좋은 복 밭이니라."라고 말씀하시어 불자 가 의지할 삼보를 분명히 하셨다. 남방불교권에서 아침저녁 으로 봉송(奉誦)하는

나의 머물 곳인 부처님께 귀의합니다(Buddham Saranam gachami)

나의 머물 곳인 법에 귀의합니다(Dhammam Saranam gachami)

나의 머물 곳인 승가에 귀의합니다(Sangam Saranam gachami)

라는 문구도 삼보에의 귀의를 되짚어 마음에 다지는 것이 다. 이러한 삼보에의 귀의는 출가승 뿐만 아니라, 재가 신도까 지를 포함한 사부대중(四部大衆) 모두에게 타당한 것으로서, 이 를 가리켜 삼귀의(三歸依)라 한다.

---

81 증일아함 12: 21.

그런데 부처님께서는 열반경에서 "모든 중생은 모두 불성이 있다."(一切衆生悉有佛性)라고 천명(闡明)하셨다.[82] 모든 중생에게 불성이 있다는 것과의 관계에서 볼 수 있는 삼귀의(三歸依)의 참뜻을 새겨보는 것이 좋을 것 같다. 삼귀의의 중심은 말할 것도 없이 부처(佛)인데, 부처의 본체(本體)는 불성(佛性: Buddha-Nature)인 것이고, 부처의 가르침인 법(法)이나 부처의 가르침을 스스로 닦아 익히고 남에게 전하여 가르침과 동시에 길이 지켜 전파하는 출가승(出家僧)의 생활공동체인 승가(僧伽)도 결국 불성의 현현(顯現)인 것이어서, 세 가지 귀의처(歸依處)인 삼보(三寶)는 불성에 귀일(歸一)하게 된다. 그런데, 중생은 모두 불성이 있는 것이니, 귀의할 불성도 필경 우리 속에 있는 셈이다. 경에서 이르기를 "자신 속에 불성이 있음을 보면 멀리에서 삼귀의처(三歸依處)를 구하지 않는다."라고 한 것도 같은 뜻이라 하겠으며, 일체삼보(一體三寶)니, 동체삼보(同體三寶)라는 말도 그러한 뜻을 나타낸 것이라고 할 수 있다.

여기에서 중생의 불성에 관하여 잠깐 짚고 넘어갈 필요가 있다. 중생에게는 본래 불성이 있으나, 그것을 누구나 알고 볼 수 없다는 점에 문제가 있다. 곧, "모두 있다"[悉有]는 것이지,

---

82 대반열반경 제12 여래성품(如來性品).

"모두 알고 본다"[悉知見]는 것이 아니다. 중생에게는 모두 불성이 있지만, 탐진치(貪瞋癡)의 삼독(三毒)과 번뇌의 먹구름에 가리어 알지 못하고 볼 수 없는 것이다. 마치 푸른 하늘에 빛나는 태양이 늘 떠 있지만 짙은 구름에 가리어 그것을 볼 수 없는 것과 같다. 불성이 있음을 굳게 믿고 알며 실지로 보아 깨달아야[信解見覺] 한다. 이를 흔히 견성(見性)이라 한다. 부처님께서는 불성을 어떻게 해야 볼 수 있는지를 묻는 사자후보살(獅子吼菩薩)의 물음에 대하여, 십법(十法)을 충족해야 함을 가르치셨는바, 이를 열거하면 다음과 같다. 곧, 1) 소욕(少欲), 2) 지족(知足), 3) 적정(寂靜), 4) 정진(精進), 5) 정념(正念), 6) 정정(正定), 7) 정혜(正慧), 8) 해탈(解脫), 9) 찬탄해탈(讚歎解脫) 및 10) 대반열반경에 의한 중생교화(衆生敎化)의 열 가지이다.[83] 그러므로 보살은 이러한 열 가지 덕목을 꾸준히 닦아 익힌 공덕(功德)으로 모든 인연이 화합하여 불성을 볼 수 있도록 하여야 한다.

자등명 법등명: 한편, 잡아함의 십육비구경(十六比丘經)에 의하면 부처님께서는 "자기를 피난처로 삼아 머물고 자기를 의지하여 머물며, 법을 피난처로 삼아 머물고 법에 의지하여

---

83 대반열반경 제 23-1 사자후보살품.

머물되, 다른 것을 피난처로 삼거나 다른 것을 의지하지 말라."[84]라고 가르치셨고, 그 뒤에도 자주 같은 말씀을 되풀이 강조하셨을 뿐만 아니라, 반열반에 드시기 직전에도 부처님의 반열반이 가까워져 옴을 슬퍼하는 제자들에게 같은 말씀을 하시면서 어기지 말도록 이르셨음은 널리 알려진 이야기이다. 이 가르침은 후일(後日)에 자등명(自燈明) 법등명(法燈明)이라는 말로 우리에게 친숙해졌다.

그런데, 또 관자재보살은 반야바라밀다에 의지할 것을 말하고 그 크나큰 공덕을 밝히고 있다. 그러면, 왜 이리 의지할 곳이 많고, 또 여러 갈래로 가르쳐지고 있는지 궁금하지 않을 수 없으니, 이를 간단히 살펴볼 필요가 있을 것 같다.

먼저, 삼보에의 귀의는 불자로서의 기본적인 생활 규범이다. 불자라면 누구나 할 것 없이 삼보를 존중하고 그 삼보에 의탁(依託)하는 생활을 해야 한다. 초기경(初期經)에서 삼보에의 귀의에 관한 말씀이 많이 눈에 띄는 것도 바로 그러한 뜻을 나타낸 것이라고 할 수 있다. 삼보에 '귀의' (歸依)한다고 하는 경우의 '귀의'는 산스크리트어로 sarana, 곧 의지하고 매달린다는 뜻이 있다. 그것은 자기 자신이 완전히 의지하고 자신을 맡

---

84 住於自洲 住於自依 住於法洲 住於法依 不異洲不異依.

기는 것을 가리키는 말이다. 어린아이가 부모에게 의호(依怙)하는 것과 같은 일이다. 그러므로 우리가 삼보에 귀의한다는 것은 불전(佛前)에서 기도나 법회를 할 때와 같이 시간적인 한정이 있는 것이 아니라, 일상생활을 통해서 항상 삼보를 생각하고 삼보에 스스로를 의탁하는 마음을 유지하여야 하는 것이다.

그런데, 자등명 법등명의 가르침 가운데 "자기를 피난처로 삼아 머물고 자기를 의지하여 머물며,"(住於自洲 住於自依)라고 할 때의 '자'(自)는 자성(自性)을 말하고, 자성은 곧 불성(佛性)으로 통한다. 한편, "법을 피난처로 삼아 머물고 법에 의지하여 머물라."(住於法洲 住於法依)라고 한 때의 '법'은 다시 말할 것도 없이 부처님의 가르침을 가리키는 것이어서, 앞에서 설명한 대로 불성의 현현인 것이다. 이와 같이 볼 때, 자등명 법등명이라는 것도 결국은 불성에 머물고 불성에 의지하라는 뜻이 되는 것임을 알 수 있어, 삼귀의와 본질적으로 다를 것이 없는 셈이다.

다시 말하면, 곁눈질하지 말고 결국은 불성에 귀착되는 자성(自性)과 부처님의 가르침인 법 만에 의지해서 정진하라는 것이라고 할 수 있다. 신을 믿는 종교의 경우에 의지할 곳은 당연히 그 섬기는 신이다. 그러나 부처님께서는 오로지 각자의 자성(自性)과 부처님께서 깨달아 설하신 법에만 의지하여 수행정진(修行精進)하라고 엄히 이르신 것이다. 여기에서 자성은 삼독에 가려진 미혹한 성정(性情)을 말하는 것이 아니라, 청정한 본래의 성품(性品), 곧 불성을 가리키는 것이다. 그러므로 여기에서의 의지는 의준(依準)이나 의칙(依則), 다시 말하면 준거한다는 의미에서의 것이라고 할 수 있다.

반야바라밀다: 그런데, 반야심경에서는 한 걸음 더 나아가 '반야바라밀다'에 의지함을 말하고 있다. 앞에서도 말한 바와 같이 반야바라밀다를 행한다는 것은 곧 육바라밀 중 반야바라밀만의 실행을 뜻하는 것이 아니라, 나머지 다섯 바라밀을 모두 포용하는 것임을 알아야 한다. 그래서 '반야바라밀다' 란 누구나가 마음만 먹으면 의지할 수 있는 것이 아니고, 반야바라밀다에 의지하려면 나머지 다섯 바라밀인 보시바라밀, 지계바라밀, 인욕바라밀, 정진바라밀 및 선정바라밀을 고루 갖추어 행하면서 반야의 지혜를 얻거나 적어도 그에 의지할 수 있을 만큼 근접하지 않으면 안 된다. 그래서 반야심경에서는 관자재보살이 보살들이 반야바라밀다에 의지하여 마음에 걸림이 없게 되어 두려움이 없어지고 뒤바뀐 망상을 여의어 마침내 열반에 이른다거나, 삼세의 여러 부처님이 반야바라밀

다에 의지함으로써 무상등정각(無上等正覺)을 얻었다는 것을
사리불에게 들려준 것이다. 우리로서는 모름지기 보리심(菩提
心)을 가꾸고 길러 반야의 지혜를 체득하도록 할 일이다.

심무괘애(心無罣礙)

사람들은 마음의 괘애(罣礙)로 인하여 한때도 편할 날이 없
다. 괘애란 "장애에 걸린다"는 뜻이다. 갖가지 장애를 그물에
비유하여 그러한 장애의 그물에 걸린다는 뜻이다. 사람들은
실체도 알 수 없는 '나'와 '내 것'에 매어 그 틀을 벗어나지
못하고, 오욕(五欲)에 탐착하며, 갖가지 분별과 거기에서 오는
번뇌로 말미암아 괴로움의 늪에서 허덕이는 나날을 보낸다.
사람의 삶이 어렵다고 하지만, 그 어려움은 모두 마음에서 빚
어지는 장애로 인한 것이고, 그 장애는 주로 '알음알이'와 번
뇌(煩惱)가 만들어 낸다.

'알음알이'는 사람들이 교육이나 경험 등을 통하여 축적한
'지식'을 말한다. 지식은 현상이나 사물 등에 관한 개개의 단
편적인 인식을 말하는 것이어서, 궁극적인 사리(事理)를 터득
(攄得)한 능력을 나타내는 지혜(智慧)와는 차원을 달리한다. 사
람들은 그 알량한 지식, 곧 알음알이를 바탕으로 매사에 분별
을 일삼고, 실체도 없는 '나'를 내세우며, 자기가 배운 바를

바탕으로 한 주관(主觀)이 강하고 선입견(先入見)이 많아 타인과의 타협이 어렵다. 그러자니, 마음이 편한 날이 없고, 따라서 마음의 장애를 없애려면 '알음알이'를 버리라는 것이다. 번뇌는 흔히 말하는 탐착(貪着), 성냄, 질투, 불안 및 착각(錯覺) 등으로 인하여 마음이 괴로워하는 상태를 가리킨다. 이러한 번뇌가 고요한 마음에 장애가 되는 것임은 분명한 일이다. 이들 '알음알이'와 번뇌는 진실을 제대로 나타내지 못하게 거울을 덮고 있는 티끌과 같은 것이다. 그렇기 때문에, 마음의 장애를 걷어내려면 '알음알이'와 번뇌를 척결(剔抉)하라고 강조하는 것이다.

"마음에 걸림이 없다"[心無罣礙]는 것은 마음에 매일 것이나 장애가 없다는 뜻이고, 매일 것이 없으니 자유로울 수밖에 없다. 우리가 크게 자유로운 경지에 이른 사람을 가리켜 무애인 사람[無礙人]이라거나 대자유인(大自由人)이라고 부르는 것은 마음에 장애가 없는 사람이라는 뜻에서 우러난 것이다. 마음이 무애자유(無礙自由)의 경지에 이른다는 것은 구해서 얻어지는 것이 아니라, 구하지 않음으로써 자기도 모르는 사이에 스스로 이르는 경지이다. 문자 그대로 얻을 것이 없고[無所得] 얻으려 하지 않아 모든 것을 철저히 털어내기 때문에, 오히려 반야의 지혜로 채워진 상태가 되는 것이고, 그것이 바로 무괘애의 마음이다. 우리가 무심(無心)이라고 하는 것이 곧 무괘애의 마음을 가리키는 말이다.

무괘애고 무유공포 원리전도몽상 구경열반(無罣礙故 無有恐怖 遠離顚倒夢想 究竟涅槃)

마음에 걸림이 없기 때문에 두려움이 없으며 뒤집힌 헛생각을 멀리 떠나 구경의 열반에 이른다고 한다.

무괘애고 무유공포: 여기에서 '무괘애'는 앞에서 본 '심무괘애', 곧 마음이 장애에 걸림이 없다는 뜻인데, 중복을 피하고자 맨 앞의 심(心)을 생략하였다. 마음이 장애에 걸림이 없이 훤칠하게 열려있기 때문에 두려움이 없다는 것이다. 사실, 사람들은 매일매일 두려움과 불안함 속에서의 삶을 계속하고 있다고 해도 과언이 아니다. 아침에 일어나면 오늘은 또 무슨 일이 기다리고 있을지 걱정되고, 직장에서 하다말고 남긴 일을 제대로 해낼 수 있을지 걱정되며, 하는 일이 순리로 성사될지 두려운 경우가 많다. 어디 그뿐인가? 오직 하나뿐인 아이가 대학의 입학시험에 제대로 합격할지 여간 걱정스럽지 않고, 건강진단 날이 되어 집을 나서면서 큰 병이 있다고나 하지 않을지 두려운 생각이 앞선다. 이 모든 것이 따지고 보면 '나'

와 '내 것'을 앞세우는 상(相)에 매여있는 데에서 비롯된 분별심의 장난이다.

그런데, 마음에 장애가 없기 때문에 이러한 두려움이 없어진다고 한다. 두려움이나 걱정이라는 것은 분명히 마음에서 일어나는 현상이다. 마음에 탐진치(貪瞋癡)의 세 가지 독심(毒心)이 가득하고, '나'라는 관념과 분별심에 매여 있는 한, 마음의 불안은 피할 수 없는 일이다. 그렇기 때문에, 마음이 아무 것에도 걸림이 없는 무애(無礙)의 상태가 되니, 여러 가지 두려움이 자연히 사라져 없어진다는 것이다. 그러나 마음의 무괘애(無罣礙)와 두려움이 없다는 것은 동전의 앞뒤와 같은 관계에 있는 것이지, 딱히 어느 것이 앞서고 어느 것이 뒤따른다고 하기 어렵다. 곧, 마음에 걸림이 없어 두려움이 없어지는 것이 보통이지만, 마음에 두려움이 사라져 마음이 툭 트일 수도 있는 일이기 때문이다.

여기에서 보시 가운데 무외시(無畏施)에 관해서 짚고 넘어갈 필요가 있을 것 같다. 보시는 재물로써 하는 재보시(財布施)가 보통이지만, 그 외에 법보시(法布施)와 무외시가 있다. 무외시는 남에게 해로운 일을 삼갈 뿐만 아니라 다른 사람의 두려움을 덜어주는 내용의 보시를 가리킨다. 계(戒)를 잘 지켜 남에게 해로운 일을 피하여 두려움을 주지 않고, 남의 걱정거리를

덜어주는 것은 자신의 두려움을 없애는 것 못지않게 중요한
일이다.

원리전도몽상: 여기도 앞의 심무괘애고(心無罣礙故)가 생략
된 셈이다. 마음에 아무런 걸림도 없기 때문에, 뒤집힌 헛생각
을 멀리 떠난다는 것이다. 전도(顚倒)란 뒤집혔다는 것, 곧 위
아래, 앞뒤, 유무 따위를 뒤바꾼 것을 말하고, 몽상(夢想)이란
꿈속의 생각처럼 허망한 생각을 말한다. 사람이 살아가는 데
있어서 올바른 생각을 해야 한다는 것은 당연한 말이다. 그러
나 일반적으로 사람들은 무명(無明)에 가려 무엇이 진실인지를
잘 알지 못함으로써 뒤바뀐 생각에 빠지는 경우가 많다. 모든
것은 무상(無常)하다는 것을 잘 모르기 때문에 재물이나 권세
가 항상 유지될 것으로 생각하고, 마치 자기는 늙거나 죽지 않
을 것처럼 행세한다. 또, 모든 것이 무아(無我)임을 모름으로
인해서 '나'라는 실체가 있는 것으로 착각하여 아상(我相)에
빠지게 된다. 어디 그뿐인가? 사람은 미혹(迷惑)하여 참되지
못한 헛생각을 좇아 헤매는 어리석음을 범하는 예가 많다. 문
자 그대로의 취생몽사(醉生夢死)가 아닐 수 없다.

그래서 부처님께서는 잡아함의 사량경(思量經)[85]에서 비구
들에게 이르시기를 "만약 사량(思量)하고 만약 망상(妄想)하면

그는 번뇌에 반연하여 의식이 머무르고, 반연하여 의식이 머무르기 때문에 미래 세상의 태어남, 늙음, 병듦, 죽음과 근심, 슬픔, 번뇌, 괴로움이 있나니, 이렇게 하여 순전한 큰 괴로움의 무더기가 모이느니라."라고 가르치셨다. 사랑한다는 것은 헤아리고 분별한다는 것인데, 그것은 전도된 생각을 만들어내는 바탕이 된다. 사량(思量)은 불교에서 말하는 팔식(八識) 가운데 제7식인 말나식(末那識: manas)의 작용에 속한다. 말나식의 작용이기 때문에 자기의 의식 속에 간직된 갖가지 관념이 편견 내지 선입관으로 작용하여 전도된 생각을 빚어내는 경우가 많다. 근년에 들어 이슬람(Islam) 교도 가운데 테러, 특히 자살폭탄에 연루된 사례가 많이 보도되고, 이스라엘의 팔레스타인에 대한 무력행사에 관한 뉴스가 많이 눈에 띄다 보니, 이슬람교도나 유대인이라고 하면 혐오스럽게 생각하는 예가 많다. 그러나 이슬람교도나 유대인도 사람 나름이고, 보도되는 사례들도 반드시 무엇인가 상당한 이유가 있는 것이다. 모든 경우를 한데 묶어 도매금으로 취급하는 것은 선입견에서 오는 전도된 생각일 우려가 큼을 인식해야 한다.

여기에서 말하는 전도된 생각[顚倒想]이나 몽상(夢想)이나 모

---

85 잡아함 14: 359.

두 착각이요 환각(幻覺)이라는 점에서는 같은 것이다. 참되게 보지 못하고, 헛된 생각에 매인다는 점에서는 큰 차이가 없다. 저자가 어렸을 때만 해도 어슴푸레한 달밤에 길을 가다가 길가에 놓인 헌 새끼줄을 보고 뱀으로 착각하여 놀랬다거나, 어두운 밤에 지나가던 행인의 손전등에 비쳐서 생긴 그림자를 보고 도깨비라고 놀랬다는 이야기를 가끔 들을 수 있었다. 바로 전도몽상의 좋은 예라고 할 수 있다. 마음이 아무것에도 걸림이 없기 때문에 그러한 전도몽상을 멀리 벗어났다는 것이다. 그것은 마음이 아무런 장애에도 걸림이 없기 때문에, 그의 마음에는 조작(造作)할 일이나 편견이 없고, 이렇게 되었으면 한다거나 저렇게 되었으면 하는 특별한 목적의식도 없기 때문이다.

구경열반: 마침내 열반에 이른다고 한다. 어떻게 하여 열반에 이르게 되는가? 보살이 반야바라밀다에 의지하는 까닭에 마음에 아무런 장애의 걸림도 없어져서 두려움이 없고 뒤바뀐 헛된 생각을 멀리 벗어남으로써 마침내 위 없는 열반에 이른다는 것이다. 열반(涅槃)이란 니르바나(Nirvana)라는 산스크리트어를 소리 나는 대로 한역한 것으로, 본래의 뜻은 불을 '끈다.'거나 '불어 끈다.'라는 의미로 쓰이는 단어인데, 적멸

(寂滅) 또는 원적(圓寂)으로 번역하여 쓰는 것이 보통이다. 열반은 모든 번뇌의 속박에서 해탈하고 진리를 궁구하여 미혹에 찬 생사를 초월하여 불생불멸(不生不滅)의 법을 체득한 최상의 경지를 말한다. 열반은 우리가 갈 어떤 '곳'이 아니고, 언젠가 이를 '미래'의 일이 아니다. 열반은 반야바라밀다에 의지함으로써 마음에 아무런 걸림이 없으면 바로 지금 이곳에서 이루어지는 것이다. 열반이란 여여(如如)한 진실의 성품이기 때문이다.

초기불교에서는 몸과 마음이 모두 피안(彼岸)에 이르는 것을 이상으로 하였으므로 심신(心身)이 있고 없음에 따라 유여열반(有餘涅槃)과 무여열반(無餘涅槃)으로 나누어 말하였으나, 후기불교에 들어서는 진여(眞如)와 같은 뜻으로 쓰이기도 한다. 그러나 실질적으로 말한다면, 열반이란 미혹한 마음에서 오는 망상의 불을 모두 불어 꺼버린 최상의 걸림 없는[無礙] 경지를 가리킨다고 할 수 있다. 열반의 앞에 붙은 구경(究竟)은 '궁극' 또는 '무상'이라는 뜻으로 '열반'을 수식하는 의미로 쓰이기도 하지만, '마침내 이룬다'는 뜻으로 '열반'의 성취를 나타내기도 한다. 여기에서는 후자의 뜻으로 보는 것이 전체의 문맥에 비추어 옳을 것 같다.

10 득아누다라삼먁삼보리

三世諸佛 依般若波羅蜜多故
삼 세 제 불   의 반 야 바 라 밀 다 고

得阿耨多羅三藐三菩提
득 아 누 다 라 삼 먁 삼 보 리

●

삼세제불이 반야바라밀다에 의지하는 까닭에
아누다라삼먁삼보리를 얻었다.

삼세제불(三世諸佛)

여기에서의 주체는 삼세의 여러 부처님이다. 삼세와 제불을 나누어 살펴보고자 한다.

삼세(三世): 불교에서 잘 쓰는 용어로 시간에 관해 삼세와 공간에 관한 시방(十方)이라는 말이 있다. 삼세란 과거, 현재, 미래를 가리키는 것이어서, 과거와 현재와 미래가 연결된 것은 곧 영원을 뜻한다. 그러므로 삼세란 '무한의 시간'을 가리킨다고 할 수 있다. 이에 대해서, 시방이란 동서남북의 사방(四方)에 동서남북의 각 간방(間方) 및 상하(上下)를 합쳐서 부르는 말이므로, 그것은 모든 공간, 곧 '우주'를 가리키는 것이라고 할 수 있다. 그렇기 때문에, 삼세와 시방이라고 하면 무한한 시간과 공간을 뜻하는 것이고, 그것은 곧 우주 전체를 가리키는 것이 된다. 이 얼마나 넓고 긴 뜻을 함축하는 말인가? 여기에서는 '삼세'만을 들었지만, 무한한 과거로부터 무한한 미래에 이르는 시간을 말하면 의당 모든 공간이 함축되는 것이다. 원래 시간과 공간은 따로 있는 것이 아니다. 오늘날 과학계에서 시공간(time-space)이라는 용어가 통용되고 있는 것도 바로 그 탓이다. 그러니, 삼세면 모두이고, 더 덧붙일 것이 없다.

그러나 곰곰이 생각해 보면 '삼세'처럼 허망한 것도 없는 것 같다. '삼세'라고 하지만, 과거는 이미 지나가 버렸고, 미래는 아직 오지 않았으며, 현재라는 것도 따지고 보면 한순간을 지나지 않는다. 결국, 우리의 삶에 의미가 있는 것은 매 순간 지나가는 현재일 뿐이니, 그 '삼세'라는 것도 마음이 만들어낸 것일 뿐이다. 다만, 여기에서의 '삼세'는 뒤에서 보는 것처럼 제불(諸佛)과의 관계에서의 것이기 때문에, 이미 과거에 계셨던 부처님과 미래에 나투실 부처님을 총칭하는 의미가 있음을 알 수 있다.

제불: 제불은 여러 부처라는 뜻이다. 한두 분의 부처가 아니고 여러 부처, 곧 부처를 복수로 표현하였다. 왜 실수(實數)를 쓰지 않고, 하필이면 '여러 부처'인가? 삼세에 걸치는 부처의 수를 헤아릴 수 없기 때문이다. 유일신(唯一神)의 존재를 믿는 종교와는 달리, 불교에서는 수없이 많은 부처를 인정한다. 부처는 신(神)이 아니다. 우주의 진리를 깨친 사람을 부처(Buddha)라 부른다. 그런데, 부처님께서 열반경에서 밝히신 바와 같이 "모든 중생은 모두 불성(佛性)을 지니고 있다"[一切衆生悉有佛性]는 것이므로, 불성을 깨쳐 알고 보면 부처요, 깨쳐 보지 못하면 중생일 뿐이다. 수없이 많은 중생이 모두 부처가 될 수 있으므로, 적어도 이론적으로는 중생의 수 만큼의 부처가

있을 수 있다. 과거에 이미 성불한 부처님, 현재 성불의 길을 걷고 있는 분, 미래에 성불할 분을 합친다면 많은 수의 부처가 될 수 있다. 그래서 여러 부처, 곧 제불이다.

장아함의 대본경(大本經)[86]을 보면 부처님께서 슈라바스티의 기수화림굴(祇樹花林窟)에 계실 때, 비구들에게 과거불(過去佛)에 관해서 말씀하시기를 "지금부터 91겁 전에 비바시여래지진(毘婆尸如來至眞)이라는 부처님이 계시어 이 세상에 나오셨다. 그다음에는 지금부터 31겁 전에 시기여래지진(尸棄如來至眞)이라는 부처님이 계시어 이 세상에 나오셨다. 또, 그다음에는 저 31겁 중에 비사바여래지진(毘舍婆如來至眞)이라는 부처님이 계시어 이 세상에 나오셨다. 비구들이여! 또 그다음에는 현재의 현겁 중에 구루손(拘樓孫)이라는 부처님과 구나함(拘那含)이라는 부처님과 가섭(迦葉)이라는 부처님께서 세상에 나오셨으며, 그리고 나도 지금 이 현겁 중에서 가장 바른 깨달음을 이루었다."라고 하시어 과거칠불(過去七佛)에 언급하셨다. 한편, 중아함의 설본경(說本經)[87]에는 부처님께서 미륵(彌勒) 비구에게 이르시기를 "미륵이여! 너는 오래고 먼 미래에 사람의 수명이 팔만세가 될 때 반드시 부처가 될 수 있어, 이름을 미

---

86 장아함 1-1: 1.
87 중아함 13: 66.

륵여래, 무소착, 등정각, 명행성, 선서, 세간해, 무상사, 도법어, 천인사, 불중우라 할 것이다."라고 하시어 성불의 수기를 주신 부분이 눈에 띈다. 이 점만 보더라도 많은 부처가 있음을 짐작할 수 있는 일이다.

의반야바라밀다고(依般若波羅蜜多故)

앞에서 본 보살의 경우와 마찬가지로 삼세의 모든 부처님도 반야바라밀다에 의지했다는 것이다. 이 부분은 위에서 설명한 것과 다를 것이 없기 때문에 설명을 생략하기로 한다.

득아누다라삼먁삼보리(得阿耨多羅三藐三菩提)

아누다라삼먁삼보리를 얻었다고 한다. '아누다라삼먁삼보리'[88]는 아누다라(anuttara) 삼먁(samyak) 삼보디(sambodhi)라는 산스크리트어를 음에 따라 한역한 말이다. 여기에서 '아누다라'란 무상(無上) 또는 '위 없는'이라는 뜻을 가지며, '삼먁'은

---

88 '아뇩다라삼먁삼보리'라고 발음하는 예가 많으나, '耨'자는 '누'이지 '뇩'의 음이 없을 뿐 아니라, 아누다라삼먁삼보리란 원래 범어인 Anuttara-samyak-sambodhi를 한역하면서 본래의 발음대로 음역(音譯)한 것이어서, 조계종 교육원에서 2009. 1. 20. 펴낸 금강경 표준본에서도 '아누다라삼먁삼보리'라고 통일했다.

'바른' 또는 '옳은'의 뜻이고, '삼보리'는 '깨달음'이나 지혜를 가리키는 말이다. 그러므로 이를 연결하면 위 없이 바른 깨달음, 곧 무상등정각(無上等正覺)이라는 뜻이 된다. 성불한다는 것을 다른 말로 표현한다면 아누다라삼먁삼보리, 곧 무상등정각을 얻었다는 말이다. 여기에서 삼세의 여러 부처가 반야바라밀다에 의지하였기 때문에 아누다라삼먁삼보리를 얻었다고 하는 것도 반야바라밀다에 의지한 때문에 성불하였다는 말과 같다.

아누다라삼먁삼보리를 얻으면 모든 것을 초월하여 아무런 괴로움도 없고, 오직 마음이 즐거울 뿐인 상태가 되는가? 아니다. 유마경(維摩經)에서도 볼 수 있는 것처럼 "중생의 병은 번뇌에서 일어나고, 보살의 병은 대비(大悲)에서 일어난다."고 한다. 그러므로 구태여 비유해서 말한다면, 중생은 자기 한 몸으로 인한 병으로 신음하고, 보살은 중생을 걱정하는 마음으로 인한 병을 앓는 셈이다. 그런데 사람들은 마음은 버려두고 겉으로 드러나는 몸에만 매달리고 몸만을 생각한다. 얼굴은 하루에도 여러 차례 씻고 찍어 바르면서, 정작 중요한 마음에 대해서는 별로 관심이 없다. 그러나 모든 것은 마음에서 우러나고 마음에 달린 일이다. 마음을 닦아내고 맑게 하기 위하여 하루에 단 한 번, 단 5분 만이라도 관심을 쏟을 일이다. 종일아함의 이양품(利養品)[89]을 보면 부처님을 찾아가 법을 청한 나쿨라 장자에게 하신 말씀이 있다. 곧, "그대 말과 같이 몸에는 두려움과 고통이 많다. 믿을 것이 없다. 다만, 가죽으로 그 위를 덮었을 뿐이다. 장자여, 알라! 그 몸을 의지하는 이는 실로 잠깐의 즐거움은 있을지라도, 그것은 어리석은 마음으로서, 지혜로운 사람이 귀히 여기는 바가 아니다. 그러므로 장자여! 비록 몸에는 병이 있을지라도 마음에는 병이 없게 하라." 라고 가르치셨는바, 이는 비단 나쿨라 장자에 대한 가르침에 그치는 것이 아니라 우리가 모두 명심할 소중한 가르침이다.

'아누다라삼먁삼보리' 라는 용어는 잡아함에서도 여러 군데 보임에 비추어 부처님의 설법 초기부터 사용되었던 말로 보이는데, 잡아함의 삼보리경(三菩提經)[90]에서 프라세나짓왕이 부처님께 "세존이시여! 저는 세존께서 스스로 아누다라삼먁삼보리를 이루셨다고 말씀하신 것으로 들었나이다."라고 여쭌 것은 그 예의 하나이다.

---

89 증일아함 6: 13.
90 잡아함 46: 1226.

11 대신주 무상주

故知般若波羅蜜多 是大神呪 是大明呪
고 지 반 야 바 라 밀 다   시 대 신 주   시 대 명 주

是無上呪 是無等等呪
시 무 상 주   시 무 등 등 주

能除一切苦 眞實不虛
능 제 일 체 고   진 실 불 허

●

그러므로 알지니,
반야바라밀다는 큰 신비스런 주문이고,
크게 밝은 주문이며, 위 없는 주문이고,
견줄 바 없는 주문이어서,
능히 모든 괴로움을 없애나니,
진실하고 허망하지 않느니라.

여기서부터 반야심경의 마지막인 주문(呪文) 부분이다. 반야심경 전체를 압축하여 결론적으로 말하고 있는 부분이다. 반야심경은 관자재보살과 사리불 존자 사이에 이루어진 대담(對談)이지만, 사리불은 관자재보살께 "만일 선남자가 있어 깊고 신묘한 반야바라밀다를 배우고자 하면 어떻게 수행해야 합니까?" 라고 물은 것 외에는 한 마디도 한 것이 없고, 오로지 관자재보살이 일방적으로 사리불에게 설명한 내용으로 되어 있다. 그런데, 여기에서 사리불에게 이르기를 "그러므로 알지니라"(故知)라고 하여 처음으로 사리불에게 직접 관심을 환기시키는 말을 하였다. 그러나 그것은 사리불로 대표되는 모든 중생에게 한 말이라고 할 수 있다. 지금까지 설명한 것을 전제로, '반야바라밀다' 그 자체가 커다란 의미를 지니는 주문(呪文)이라는 것을 알라고 한 것이다. 반야바라밀다의 깊고 신묘함을 밝힌 부분이다.

고지(故知)

그러므로 알라! 라는 것은 '어째서' '무엇을' 을 알라는 것인가? 여기에서 '그러므로' 는 앞에서 본 얻을 것이 없는 까닭에(以無所得故)로부터 바로 앞의 무상정등각을 얻었다(得阿耨多羅三藐三菩提)고 한 부분까지를 여기에서 말하고자 하는 부분과 연결하는 말이다. 다시 말하면, 반야바라밀다에 의지함으로 인한 크나큰 공덕, 곧 반야바라밀다에 의지함으로써 보살이 마음에 걸림이 없게 되어 두려움이 없고 뒤바뀐 망상을 멀리 떠나 마침내 열반에 이르고, 삼세의 여러 부처가 무상정등각을 얻게 된 것이므로, '알라'는 것이다. 무엇을 '알라'는 것인가? 반야바라밀다는 그 자체가 아주 신묘한 의미가 있는 주문, 곧 진언(眞言: mantra)이라는 것을 알라는 것이다.

사람들은 흔히 자기가 습득한 단편적인 지식을 바탕으로 모든 것을 분별하고 판단하려 한다. 그러나 모든 사물은 직접 간접으로 서로 연관되어 있는 것이지, 어느 것 하나 다른 것과는 단절된 상태에서 홀로 존재하는 것은 없다. 그러니 분별심을 버리고 종합적으로 생각하는 습성을 기르는 것이 필요하다. '반야바라밀다'는 반야의 지혜를 말하는 것이라고 흔히 개념 지어 생각하지만, 그것은 언어(言語)의 한계성(限界性)을 벗어나지 못한 것이며, 반야바라밀다는 '반야바라밀다'라는 말로 표현되는 개념 이상의 의미가 있는 것임을 알아야 한다는 것이다. 곧, 반야바라밀다는 그것 자체가 매우 신묘한 주문이고 진언으로서의 깊은 뜻이 담긴 것이라고 한다. '반야바라밀다'를 언어적(言語的)인 개념에 매어 그 테두리 안에서만 생각한다면 천 번 만 번을 외워도 글을 읽어 이해하는 수준 이상의 것이 될 수 없고, 따라서 관념의 세계를 벗어날 수 없다. 문제는 관자재보살이 앞에서 공들여 설명한 '반야바라밀다'의 본질을 얼마나 골똘히 생각하고 믿느냐에 있다. 화엄경의 십신법문(十信法門)에 보면 "믿음은 도의 근원이요, 공덕의 어머니이며, 일체의 좋은 일을 길러낸다."[91]라는 말이 있지만, 무엇을 하든지 그 일에 대한 믿음이 없으면 하는 일의 성취가 어려울 것은 당연한 일이다. 왜냐하면, 모든 일은 마음에서 우러나는 것인데, 마음이 확고하지 않으면 흔들리고, 흔들리면 일이 이루어질 수 없기 때문이다. 그래서 "벽에 틈이 생기면 바람이 들어오고, 마음에 틈이 생기면 마군(魔群)이 침범한다."[92]고 하는 것이다. 결국, '반야바라밀다'는 바로 우주의 진리요, 뛰어난 주문과 같은 것이라고 믿어야 한다. 다만, '반야바라밀다'를 설한 이 경은 우리가 알아들을 수 있는 말을 빌려 설한 것이어서 현설주(顯說呪)라고 할 수 있다.

주(呪)

반야바라밀다는 "큰 신비스러운 주문이고, 크게 밝은 주문이며, 위 없는 주문이고 견줄 바 없는 주문"이라는 것인데, 이

---

91 信爲道元功德母 長養一切諸善法.
92 禪家龜鑑: 壁隙風動 心隙魔侵.

는 곧 반야바라밀다는 그것 자체가 하나의 주문으로서의 의미가 있는 것이라는 뜻이다. 주(呪)란 산스크리트어인 만트라(Mantra)나 다라니(Dharani)를 가리키는 것으로, 그 글의 길이에 따라 비교적 짧고 단구(單句)인 것을 진언(眞言) 또는 만트라라 하고, 상대적으로 긴 주문을 대주(大呪) 또는 다라니라고 부르는 것이 보통이지만, 절대적인 구분은 아니다. 관세음보살 본심미묘 육자대명왕진언(觀世音菩薩本心微妙六字大明王眞言)이라거나 참회진언(懺悔眞言) 등은 전자의 예이고, 신묘장구대다라니(神妙章句大多羅尼)나 수능엄왕대다라니비밀신주(首楞嚴王大多羅尼秘密神呪)는 후자의 예라고 할 수 있다.

진언이나 다라니와 같은 주문(呪文)은 산스크리트어로 된 원문을 번역하지 않고 음(音) 그대로 적어서 외우는 것이 원칙인데, 주문을 번역하지 않는 대표적인 이유는 첫째로 원문(原文) 전체의 뜻이 한정되는 것을 피하고, 둘째로 비밀스러운 뜻을 그대로 간직하게 하려는 의미가 있다. 만트라는 불가사의(不可思議)한 언어, 곧 지식의 한계를 벗어난 초월적인 언어를 뜻한다. 만트라는 글귀지만, 신비로운 글귀이다. 이러한 주문을 믿고 골똘히 외운다거나 몸에 지니면 지혜와 복덕이 생기고 고액을 멀리하게 되는 것으로 알려지고 있다. 그래서 삼재(三災)가 든다거나 어려운 일을 하는 경우에 진언부(眞言符)를 몸에 지니는 사람의 예를 많이 볼 수 있다. 결국, 미망(迷妄)에 매이고 스스로 무력함을 괴로워하는 사람으로서 무엇엔가 의지하려는 심정을 조금이나마 보완해줌으로써 심기(心氣)를 북돋우는 효험을 전적으로 부인할 수는 없을 것 같다.

부적의 힘: 전해오는 이야기 한 토막을 보기로 한다. 옛적에 공동묘지 가까이에 있는 집에 사는 어린이가 학교에 가려면 그 공동묘지 앞을 가로질러 가야 하는데, 친구들과 함께 어울려서 다닐 때는 무방하지만, 어쩌다 혼자서 늦게 학교에서 돌아오는 날이나 비가 부슬부슬 내리는 날의 저녁에 그 앞을 지나려면 당장에라도 도깨비가 나올 것도 같고 이상한 울음소리 같은 것이 들려 두려움에 머리칼이 곤두서는 경우가 한두 번이 아니었다. 괴로움을 참지 못한 그는 그 동네에서 도인이라는 호칭으로 불리는 노인을 찾아가서 자초지종(自初至終)을 자세히 말하면서, 도깨비를 멀리 물리칠 방법은 없겠는지를 여쭈었다. 그 도인은 한참 생각하다가 "그것은 어렵지 않은데 네가 제대로 지킬 수 있을지가 문제이다."라고 하면서 그 학생의 얼굴을 물끄러미 쳐다보았다. 학생은 "무슨 일이든 열심히 하겠습니다."라고 자신 있게 대답했다. 그러자, 그 도인이라는 사람은 벽장을 열더니 조그마한 부적(符籍)하나를 꺼

내서 주면서, "이것은 진언이 담긴 부적인데 항상 몸에 잘 지니되, 헛생각 없이 공부에 열중해야 한다."라고 일렀다. 그날부터 그 학생은 도인이 시킨 대로 부적을 항상 몸에 소중하게 지니고 열심히 공부하였는데, 그러면서부터 그 공동묘지 앞을 지나도 전혀 무섭지 않고 도깨비나 이상한 소리도 들리지 않게 되었다. 그렇게 얼마를 지나자, 이번에는 다른 문제가 생겼다. 혹시라도 이 부적을 잊어버리거나 누군가가 훔쳐 가는 경우에 대한 걱정이다. 한번 걱정이 시작되자 밤에 잠도 안심하고 잘 수 없게 되었고, 잠을 설치는 날이 늘어가자 건강까지 나빠지기 시작했다. 그래서 그는 다시 그 도인을 찾아가서 사정을 설명하고, 좋은 방법을 가르쳐 줄 것을 청했다. 그러자, 그 도인은 말하기를 "네가 그 부적을 받아간 뒤에 내가 가르친 대로 잘 해왔고, 이미 석 달이 지났으니, 집에 가서 그 부적을 잘 태워 그 재를 한 컵쯤 되는 물에 타서 한참 지난 뒤에 윗물을 마시고 가라앉은 재는 산에 묻어라. 그러면, 이제 아무런 탈도 없을 것이다."라고 일렀다. 그 학생은 그 길로 바로 집에 가서 시키는 대로 하고나자, 마음도 편해지고 그날 밤부터 잠도 편히 잘 잤다는 이야기이다. 결국, 진언을 담은 부적이라는 것도 그 효험을 굳게 믿고 의심하지 않으며 실행한 데에서 오는 심리적 효과를 기대하는 것이라고 할 수 있고, 의학에서 흔히 활용하는 플라세보(Placebo)효과와도 비슷하다고 할 수 있을 것 같다. 아무튼, 진언은 그 효험을 믿고 골똘히 독송하며 의심 없이 의지하는 데에 의미가 있는 것이다. 그것이 곧 '공'의 이치를 터득(攄得)하는 길이다.

대신주(大神呪), 대명주(大明呪), 무상주(無上呪), 무등등주(無等等呪)

반야바라밀다는 대신주(大神呪)요, 대명주(大明呪)며, 무상주(無上呪)이고 무등등주(無等等呪)라고 한다. 위없이 신묘하고 밝으며 견줄 바가 없는 주문이라는 것이다. 이것은 반야바라밀다가 그대로 다라니라는 말이다. 그런데, 반야바라밀다는 단순한 주문이 아니라 네 가지 의미가 있는 뛰어난 다라니라고 한다.

먼저, 대신주(大神呪: Maha mantra)라는 것이다. 대신주는 문자 그대로 사람의 지식으로는 쉽게 이해할 수 없는 신묘불가사의(神妙不可思議)한 다라니라는 뜻이다. 여기에서 신(神) 자를 썼지만, 신이란 초자연적, 초인간적인 위력을 가지는 존재를 가리키는 것으로서, 종교적으로는 보통 하느님이라 부르고, 토속적으로는 귀신이라고도 한다. 신은 사람들이 생각할 수 없는 신비로운 능력을 갖추는 존재를 나타낼 때 흔히 인용하는 존재여서, 여기에서 대신주라고 하는 것도 크게 신비로운 주문이라는 뜻을 나타내는 것이라고 하겠다.

　다음으로, 대명주(大明呪: Maha vidya-mantra)란 아주 밝은 다라니라는 말이다. 원래, 밝다는 뜻을 나타낼 때에 쓰는 명(明) 자는 날 일(日) 변에 달 월(月) 자를 보탠 것으로, 빛을 나타내고, 결국 광명을 뜻한다. 반야바라밀다는 광명과 같이 빛나는 부처님 말씀이라는 뜻이다. 셋째로, 무상주(無上呪: Anuttara mantra)란 그 위가 더 없는 가장 수승한 다라니라는 뜻이다. 곧 최상의 진언이라는 말이다. 끝으로, 무등등주(無等等呪: Asamasam mantra)란 견줄 데가 없이 빼어난 다라니라는 것이다. 그러니 이러한 네 가지 의미를 갖는 반야바라밀다는 이 세상에서 무엇에도 견줄 수 없이 가장 뛰어나고 불가사의한 공덕을 갖는 진언이라는 뜻이 된다. "반야(般若)는 삼세제불을 낳고, 삼세제불은 반야를 설한다."라는 말도 있지만, 반야바라밀다야말로 모든 부처님의 교설이 담긴 최상의 다라니인 것이다.

　반야심경의 바탕이 되었다고 할 수 있는 반야부경, 특히 팔천송반야경은 반야바라밀의 주력에 관해서 다음과 같이 밝히고 있다. 곧, 팔천송반야경 제3품은 부처님께서 "이 반야바라밀이란 위대한 주문이고, 헤아릴 수 없는 주문이며, 한없는 주문이고, 위 없는 주문이며, 비할 바 없는 주문이고, 지고(至高)

한 주문이니라. ...실로 이 주문에서 배우는 선남자 선여인은 무상정등각을 깨닫고, 일체지성을 깨달을 것이며, 그로써 그는 무상정등각에 도달하여 일체 중생의 마음을 꿰뚫어 보게 되느니라."라고 말씀하신 것을 전한다. 앞에서 본 바와 같은 반야바라밀다의 신묘한 주력을 강조하신 것이라고 하겠다.

능제일체고(能除一切苦)

반야바라밀다는 가장 수승한 주문으로서 능히 모든 고통을 없애준다는 것이다. 관자재보살은 이 경의 서두(序頭)에서 말하기를 "깊은 반야바라밀다를 행할 때, 오온이 모두 공함을 비추어 보고, '모든 고액(苦厄)을 벗어났다'."라고 하였는데, 거기에서의 '모든 고액'이나 여기에서의 '모든 고통'이나 비슷한 말이다. 반야의 신통력이 모든 괴로움을 없애준다는 것이다.

사람은 아무리 건강, 재물, 능력, 그리고 명성을 갖추고 있다고 하더라도 결코 괴로움과 재액(災厄)에서 자유로울 수 없으며, 산다는 것 자체가 곧 괴로움으로 점철(點綴)되고 있다. 그래서 인생을 고해(苦海), 곧 괴로움의 바다에 비유해서 말하기도 하는 것이며, 그 괴로움이라는 것이 곧 우리 삶의 실상(實相)이라고 할 수 있다. 부처님께서 출가하신 것도 인간이 직면하고 있는 생노병사(生老病死)의 괴로움의 원인을 파악하고 그 괴로움에서 벗어나는 길을 모색하기 위한 것이었음은 잘 알려진 일이다. 그렇기 때문에, 부처님께서 성불하신 다음, 바라나시 교외에 있는 사르나트의 녹야원에서 다섯 비구에게 초전법륜(初轉法輪)을 하실 때 사람의 괴로움의 원인과 괴로움을 없애기 위한 방법을 담은 사성제(四聖諦)를 설하신 것이다. 사람들이 겪고 있는 괴로움이야말로 부처님 가르침의 핵심이라고 할 수 있는 사성제의 중추(中樞)가 되는 개념인 것이다.

여기에서 일체고(一切苦)라고 하는 것은 '모든 괴로움'을 아우르는 넓은 의미의 괴로움을 말하는 것으로, 흔히 말하는 괴로움(suffering)과 아픔(pain)을 모두 포함하는 말이다. 괴로움은 정신적인 경우가 많지만, 육체적으로 아파 고통스러운 경우도 있고, 나아가 정신과 육체의 양면에 걸치는 것일 때도 있다. 그러나 괴로움이라고 하거나 아픔이라고 하거나 가릴 것 없이, 모든 괴로움은 마음에서 일어난다. 왜냐하면, 모든 것은 결국은 마음의 작용이기 때문이다. 마음이 의식하지 못한다면 아픔도 없고 괴로움도 느낄 수 없는 일이다. 화엄경에서도 일체유심조(一切唯心造), 곧 모든 것은 오직 마음이 만든다고 하지 않았던가!

이러한 모든 괴로움을 반야의 진언인 반야바라밀다가 능히 없애줄 수 있다는 것이다. 그러나 진언은 앞에서도 설명하였지만 곁눈질할 것 없이 신명(身命)을 다하여 골똘히 믿고 의지하며 행해야 하지, 그 효험에만 매달려 형식적으로만 의지하는 척하면 의미가 없음을 알아야 한다.

진실불허(眞實不虛)

반야바라밀다의 주력(呪力)은 진실불허하다고 한다. 진실불허란 진실하여 허망하지 않다는 뜻이다. 사람들은 무엇인가 거창한 말을 하면 과연 그럴까하고 갸우뚱하고, 걸핏하면 의심하는 습성이 있다. 금강경 16분 능정업장분(能淨業障分)을 보면 "수보리여! 정법이 쇠퇴할 때 이 경을 받아 지니고 읽고 외워서 얻는 공덕을 내가 자세히 말한다면 이 말을 듣는 이는 마음이 어지러워서 의심하고 믿지 않을 것이다."[93]라는 말이 있지만, 바로 그대로이다. 사람들은 오직 자기의 능력이나 생각을 기준으로 만사를 분별하고 사량(思量)하기 때문에, 자기의 생각이 미치지 못하는 것은 잘 믿으려 하지 않는다. 그래서 관자재보살은 반야바라밀다의 깊고 신묘한 효험을 말한 다음,

---

93 須菩提 若善男子善女人 於後末世 有受持讀誦此經 所得功德 我若具說者 或有人聞 心則狂亂 狐疑不信.

행여 사람들이 의심하는 경우를 고려하여 반야바라밀다의 효험은 참되고 결코 허망하지 않다는 것을 강조한 것이라고 할 수 있다. 사람들은 미혹(迷惑)의 늪에 빠져 망상과 욕심에 매달려 있음으로써 진리를 놓치고, 진리에서 멀리 떨어져 간 것이다. 그러므로 우리가 진리에 가까워지려면 먼저 미혹에서 벗어나야 한다. 그 벗어날 길이 바로 반야바라밀다에 있는 것이고, 그렇기에 반야바라밀다는 결코 허망하지 않고 진실한 것임을 알아야 한다.

12 반야바라밀다주

故說般若波羅蜜多呪 卽說呪曰
고 설 반 야 바 라 밀 다 주 즉 설 주 왈

揭諦 揭諦 波羅揭諦 波羅僧揭諦 菩提沙婆訶
가 떼 가 떼 빠 라 가 떼 빠 라 상 가 떼 보 디 스 바 하

●

그러므로 반야바라밀다주를 설하노니, 곧 주에 이르되,
가떼 가떼 빠라가떼 빠라상가떼 보디스바하
(gate gate paragate parasaṃgate bodhisvaha)

우리가 일상 독송하는 약본 반야심경을 마무리하는 마지막 부분이다. 반야심경은 앞에서 본대로 조견오온개공(照見五蘊皆空)에서 시작되는 여러 설명이 있지만, 시고(是故), 고지(故知) 및 고설(故說)을 통해서 단계적으로 이 마지막 부분의 만트라에 압축된다. '그러므로'(故)라는 접속부사(接續副詞)는 그 앞엣 것을 전제로 뒤의 설명을 전개시켜나가는 것이기 때문에, 반야심경은 결국 이 마지막 부분의 반야바라밀다주, 곧 만트라에 집약(集約)되는 것이라고 할 수 있다.

고설반야바라밀다주(故說般若波羅蜜多呪)

그러므로 반야바라밀다주를 설한다고 한다. 왜 '그러므로' 인가? 바로 앞에서 반야바라밀다는 그것 자체가 곧 크게 신비 로운 주문이라는 것을 알라고 힘주어 말한 바 있다. 그렇기 때 문에, 여기에서 그 반야바라밀다주를 설한다는 것이다. 여기 에서 설하는 반야바라밀다주는 우리가 쉽게 이해할 수 있는 언어적인 것이 아니어서 밀설주(密說呪)에 속한다.

즉설주왈(卽說呪曰)

이제 반야바라밀다주를 설할 것인데, 그 주(呪), 곧 만트라 가 이르는 것은 곧 다음에 설하는 것과 같다고 한다. 이 말은 특별한 의미가 있는 것이 아니라, 주문을 설하기에 앞서 말의 방향을 잡아주는 정도의 것이다.

주문(呪文)

우리나라에서 일반적으로 독송 되는 반야심경의 반야바라밀다주는 "가떼 가떼 빠라가떼 빠라상가떼 보디스바하"(揭諦 揭諦 波羅揭諦 波羅僧揭諦 菩提娑婆訶)이다. 그러나 해인사에 소장되어 있는 고려대장경본(高麗大藏經本) 가운데 현장법사의 역본(譯本)상 반야바라밀다주는 "揭帝 揭帝 般羅揭帝 般羅僧揭帝 菩提僧莎訶"로 되어 있고, 통도사 소장 반야심경의 반야바라밀다주는 "揭諦 揭諦 波羅揭諦 波羅僧揭諦 菩提薩婆訶"로 된 주문 부분 등 여러 가지가 있다. 여기에서는 편의상 우리나라에서 일반적으로 쓰이고 있는 예에 따르기로 한다.

원음의 유지: 위에서도 설명한 바와 같이 다라니나 만트라, 곧 주문은 번역하지 않고 원음(原音)으로 그대로 독송하는 것이 원칙이어서, 여기에 보는 반야바라밀다주 역시 원음대로 표기되었다. 원래, 번역이란 아무리 잘한다고 해도 본래의 뜻을 옮기는 데 한계가 있고, 특히 종교의 경문이나 주문처럼 다의적(多義的)인 신묘한 뜻을 간직하고 있는 것을 다른 말로

번역하여 옮긴다는 것은 본래의 뜻을 훼손할 위험이 매우 큰 것이다. 그렇기 때문에, 번역은 원문에 대한 반역이라는 극언(極言)까지 있을 정도이다. 불경의 한역(漢譯)에 공이 많은 중국의 현장법사(玄奘法師)는 오종불번(五種不飜)이라고 해서 다섯 가지 범주에 속하는 것은 번역하지 않는다고 했는데, 그 다섯 가지란 첫째 특정 지역에만 있는 것, 둘째 하나의 낱말에 여러 뜻이 함축된 것, 셋째 비밀스럽고 신비한 것, 넷째 옛날부터 특정 지역에서 내려오는 습관을 나타내는 것, 다섯째 번역하면 원어가 지니는 가치를 상실할 위험이 큰 것이 곧 그것이다. 여기에서 보는 반야바라밀다주도 비밀스럽고 신비한 내용의 것이기 때문에 번역하지 않고 원음을 그대로 유지하게 한 것이다.

주문의 발음: 앞에서 반야바라밀다주의 경우도 다른 만트라나 다라니의 경우와 마찬가지로 원음대로 발음한다고 했다. 그런데, 우리가 반야심경을 독송하는 경우, 일반적으로 위에서 든 바와 같은 한역본을 쓰면서도 반야바라밀다주의 부분은 "아제 아제 바라아제 바라승아제 모지사바하"라고 발음하는 것이 보통이다. 그러한 발음은 산스크리트어 원음에 맞지 않음은 물론, 산스크리트어 원문을 소리에 따라 번역한

한역본에도 맞지 않음을 지적하지 않을 수 없다. 우선, 한역문인 '揭諦'는 아무리 무리를 해도 '아제'로는 발음되지 않고, 한문음으로는 '게체' 또는 '게제'가 되며, 원음은 '가떼'(gate)인 것이다. 또, '모지사바하'의 '모지'는 한역문인 '菩提'를 발음한 것인데, 그것 역시 '모지'로는 발음되지 않고, 원음대로 '보디'라고 발음하거나, 적어도 다른 경전에서의 발음과 통일하는 의미에서 '보리'라고 하는 것이 타당할 것으로 보인다. 그러니, 우리나라에서 보통 독송 되고 있는 반야바라밀다주는 산스크리트어 원문은 물론, 그것을 음역한 한역본에도 맞지 않음을 쉽사리 알 수 있다.

앞에서 만트라나 다라니, 곧 진언(眞言)이나 주문(呪文)은 뜻을 풀지 않고 원음대로 발음하는 것이 원칙이라고 했다. 그래서 경전을 한역함에 있어서도 진언이나 주문 부분은 될 수 있는 대로 원음에 가깝도록 음역(音譯)을 한 것을 알 수 있다. 그러나 뜻글자인 한자는 음을 표기하는 데 한계가 있고, 따라서 음역이라고 해도 될 수 있으면 원음에 가까운 음으로 읽히는 한자를 골라 써서 표기한 데에 그친다. 그러나 우리는 아주 과학적 소리글자인 한글을 가지고 있다. 한글이 과학적이고 우수한 글씨라는 것은 이미 세계에서 널리 인정하고 있는 바와 같다. 한글로 표기하지 못하는 음은 거의 없다고 해도 결코 지나침이 아닐 것이다. 그러한 한글을 가진 우리로서는 경전의 만트라나 다라니를 원음대로 한글로 표기해서 바르게 발음하도록 할 일이다. 아무튼, 산스크리트어 본래의 음에 가깝게 발음하는 것이 만트라의 성격에 맞는 온당한 발음이어서, 저자는 앞의 경문에서 표기한 것처럼 가능한 한 산스크리트어 원음에 가깝게 하는 입장을 보인다.[94] 우리가 '아제 아제'로 발음하는 것이 혹시 법성(法成)이 번역한 광본 반야심경의 주문이 '아제 아제'(峨帝 娥帝)로 시작된 것이 전해져 어느 때인가 그러한 독송 방식이 된 것은 아닌지 의문을 가질 뿐이다.

주문의 내용: 반야바라밀다주는 산스크리트어 원문의 경우 여섯 단어로, 한역본의 경우 18자로 된 간결한 만트라이다. 만트라나 다라니는 아주 깊고 신비스러운 말이어서 그 뜻을 풀이하지 않고, 음으로만 독송하는 것이 원칙이다. 그러나 사람들은 비밀스러우면 비밀스러울수록 더 알고 싶어 하는 것이 통례이다. 어떻게든지 뜻을 캐려고 애를 쓴다. 여기에서는 반야바라밀다주의 참뜻을 제대로 풀이할 수는 없지만, 참고로 간단히 그 표면상의 뜻을 풀어보고자 한다.

---

94 일본의 경우도 주문부분은 원음대로 발음한다.

반야바라밀다주는 그 짧은 만트라 속에 '가떼'(gate)가 네 번이나 나온다. '가떼'는 '간다' 또는 '가자'라는 뜻을 갖는 말이다. 바로 그 '가자'라는 말이 네 번이나 반복해서 나온다. 이를 다음과 같이 해석할 수 있을 것 같다.

첫 번째 '가자'는 나 스스로 지금 살고 있는 이 물질세계, 유형적인 세계로부터 떠나가자는 의미로 볼 수 있다.

두 번째 '가자'는 다른 사람들의 손을 잡고 모두 함께 이 무한한 윤회의 세계로부터 떠나가자는 뜻으로 풀이할 수 있다.

세 번째 '가자'는 앞에 '빠라'(波羅)가 붙었다. 여기에서의 '빠라'는 바라밀다(波羅蜜多)를 줄인 것으로, 상(相)에 물든 이곳을 떠나 깨달음의 세계인 피안(彼岸)으로 가자는 뜻을 갖는다.

네 번째 '가자'는 앞에 '빠라상'(波羅僧)이 붙어, 우리가 모두 손에 손을 맞잡고 저 높은 구경의 경지로 가자는 뜻으로 이해할 수 있다.

다음에 나오는 '보디'(Bodhi)는 우리가 흔히 '보리'라고 발음하는 바른 깨달음을 말한다. 깨달음은 스스로 하는 것이고, 따라서 자각(自覺)이며, 바로 불교의 이상으로 삼는 바다. '보디' 다음에 오는 '스바하'(svaha)는 소원을 비는 기도문 같은 것으로, 비유해서 말한다면 그리스도교에서 기도나 찬송 또는 설교가 끝난 다음, 그렇게 되기를(So be it) 기원하는 말인 아멘(amen)이나 할렐루야(Hallelujah)와 비슷한 뜻을 갖는 말이다.
그러므로 그것은 '영원하소서'라던가, '길이 거룩하소서'라
는 의미로 풀이할 수 있을 것이다. 모든 진언은 '스바하'라는
말로 마무리되고 있는 것은 바로 그 말로 골똘한 기도의 심정
을 표하려는 데 있다.

그러므로 위의 설명을 연결해본다면, 반야바라밀다주는
"가세, 가세, 깨달음의 세계로 가세, 우리 다 함께 가세, 깨달
음이여! 영원하소서."라는 뜻이 담겼다고 하겠다. 이 주문은
반야심경의 진수(眞髓)일 뿐만 아니라, 여러 경전의 본질을 담
은 것이라고 해도 과언이 아닐 것이다. '나'만이 아니라 '모
두'가 함께 보리심(菩提心)을 일으켜 다 같이 성불하려는 뜻을
가진 것이어서, 바로 상구보리(上求菩提) 하화중생(下化衆生)의
정신을 그대로 나타낸 것이다.

주문의 독송: 이 반야바라밀다주는 단순한 독송만으로 끝
낼 성질의 것이 아니다. 독송과 함께 반야심경 전체의 맥락을
이해해야 한다. 그럼으로써, 만트라와 자신이 하나가 되도록
마음을 집중해야 한다. 그래야만 다 함께 위 없는 깨달음의 경
지에 이를 수 있다. 원래, 만트라나 다라니와 같은 진언 또는
주문은 그 자체가 신묘한 의미를 지니고 있는 것으로서, 밀교

(密敎)에서 널리 독송 되고 있다. 우리나라는 밀교가 보편화되어 있는 국가는 아니지만, 적지 않은 만트라나 다라니가 독송되고 있는데, 만트라나 다라니의 독송은 특히 경건하고 의식을 집중시킨 상태에서 오직 일심(一心)으로 그 만트라나 다라니에 몰입(沒入)해야 한다. 만트라의 독송에 있어 특히 유념할 일은 소리를 내어 독송하되, 뱃속(丹田)에서부터 울려 나오는 소리가 되도록 노력하고, 그 소리를 스스로 듣도록 한다. 한 가지 분명히 할 것은 '옴' 의 발음이다. 만트라나 다라니에 많이 쓰이고 있는 '옴' 은 짧은 '옴' 이 아니라 약간 길게 oum이라 발음되는 것으로, 우주의 본음(本音)을 나타내는 신성한 소리라고 한다. 짧게 형식적으로 발음할 일이 아니라, 정중하고 길게 발음하면 머리에 일종의 진동 같은 것을 느낄 수도 있다.

부처님의 인가(印可)

이로써 약본 마하반야바라밀다심경의 내용은 끝을 맺은 셈이다. 그 뒤의 상황을 광본을 원용하여 간단히 부연하고자 한다.

관자재보살이 사리불에게 위에서 본 바와 같이 반야바라밀다를 행하는 길을 설명하여 마치자, 부처님께서는 광대심원(廣大深遠)이라는 삼매에서 일어나셨다. 삼매에서 일어나신 부처님께서는 관자재보살이 설법한 내용을 모두 아시고, 그러한 설법을 찬탄하심으로써 그 설법의 내용을 인가하셨다. 부처님께서 관자재보살의 설명을 인가하심은 관자재보살의 설법을 증명하고 인가하신 것이니, 결국 부처님께서 말씀하심과 같은 것이 된 것이다. 부처님께서 찬탄하시고 인가하심을 듣고 사라불과 관자재보살은 물론, 그 자리에 모인 여러 비구와 보살 및 천인, 아수라와 건달바 무리는 모두 크게 기뻐하면서 믿고 받들어 행하였다고 한다.

부 록

1 약본 반야심경

摩訶般若波羅蜜多心經
마 하 반 야 바 라 밀 다 심 경

唐 三藏法師 玄奘 譯

觀自在菩薩 行深般若波羅蜜多時 照見五蘊皆空 度一切苦厄.
관 자 재 보 살 행 심 반 야 바 라 밀 다 시 조 견 오 온 개 공 도 일 체 고 액

舍利子 色不異空 空不異色 色卽是空 空卽是色 受想行識 亦
사 리 자 색 불 이 공 공 불 이 색 색 즉 시 공 공 즉 시 색 수 상 행 식 역

復如是. 舍利子 是諸法空相 不生不滅 不垢不淨 不增不減.
부 여 시 사 리 자 시 제 법 공 상 불 생 불 멸 불 구 부 정 부 증 불 감

是故 空中無色 無受想行識 無眼耳鼻舌身意 無色聲香味觸法
시 고 공 중 무 색 무 수 상 행 식 무 안 이 비 설 신 의 무 색 성 향 미 촉 법

無眼界 乃至 無意識界 無無明 亦無無明盡 乃至 無老死 亦
무 안 계 내 지 무 의 식 계 무 무 명 역 무 무 명 진 내 지 무 노 사 역

無老死盡 無苦集滅道 無智亦無得. 以無所得故 菩提薩埵 依
무 노 사 진 무 고 집 멸 도 무 지 역 무 득 이 무 소 득 고 보 리 살 타 의

般若波羅蜜多故 心無罣礙 無罣礙故 無有恐怖 遠離顚倒夢想
반 야 바 라 밀 다 고 심 무 괘 애 무 괘 애 고 무 유 공 포 원 리 전 도 몽 상

究竟涅槃. 三世諸佛 依般若波羅蜜多故 得阿耨多羅三藐三菩
구 경 열 반 삼 세 제 불 의 반 야 바 라 밀 다 고 득 아 누 다 라 삼 먁 삼 보

提. 故知般若波羅蜜多 是大神呪 是大明呪 是無上呪 是無等
리 고 지 반 야 바 라 밀 다 시 대 신 주 시 대 명 주 시 무 상 주 시 무 등

等呪 能除一切苦 眞實不虛. 故說般若波羅蜜多呪 卽說呪曰
등 주 능 제 일 체 고 진 실 불 허 고 설 반 야 바 라 밀 다 주 즉 설 주 왈

揭諦 揭諦 波羅揭諦 波羅僧揭諦 菩提沙婆訶
가 떼 가 떼 빠 라 가 떼 빠 라 승 가 떼 보 디 스 바 하

마하반야바라밀다심경

당 삼장법사 현장 역

관자재보살께서 깊은 반야바라밀다를 행할 때 오온이 모두 공함을 비추어 보고 일체의 고액에서 벗어났다. 사리자여! 색은 공과 다르지 않고 공은 색과 다르지 않으며, 색이 곧 공이고 공이 곧 색이니라. 수상행식 또한 그와 같으니라. 사리자여! 이 모든 법의 공한 모습은 생기지도 않고 없어지지도 않으며, 더럽지도 않고 깨끗하지도 않으며, 늘지도 않고 줄지도 않느니라. 그러므로 공 가운데에는 물질도 없고 느낌, 생각, 뜻함, 의식도 없으며, 눈, 귀, 코, 혀, 몸, 뜻도 없고, 물질, 소리, 냄새, 맛, 닿음, 법도 없으며, 눈으로 인식하는 경계도 없고 내지 마음으로 인식하는 경계도 없다. 무명도 없고 또한 무명이 다함도 없으며 내지 늙음과 죽음도 없고 또한 늙음과 죽음이 다함도 없다. 괴로움, 괴로움의 모임, 괴로움의 사라짐, 괴로움이 사라지는 길도 없고, 지혜도 없고 얻을 것도 없다. 얻을 바가 없음으로 보살이 반야바라밀다에 의지하기 때문에 마음에 장애가 없고, 장애가 없으므로 두려움이 없으며, 뒤집힌 헛

생각을 멀리 떠나 마침내 열반에 이르니라. 삼세제불이 반야바라밀다에 의지하는 까닭에 아누다라삼먁삼보리를 얻었니라. 그러므로 알지니, 반야바라밀다는 큰 신비스런 주문이고, 크게 밝은 주문이며, 위없는 주문이고, 견줄 바 없는 주문이어서, 능히 모든 괴로움을 없애나니, 진실하고 허망하지 않느니라. 그러므로 반야바라밀다주를 설하노니, 곧 주에 이르되,

가떼 가떼 빠라가떼 빠라상가떼 보디스바하 (세 번).

2 광본 반야심경

般若波羅蜜多心經

반야바라밀다심경

嚴賓國 三藏法師 般若/利言 共譯

如是我聞. 一時 佛在王舍城耆闍掘山中 與大比丘衆及菩薩衆
여 시 아 문 일 시 불 재 사 위 국 기 사 굴 산 중 여 대 비 구 중 급 보 살 중

俱. 時 佛世尊 卽入三昧 名廣大深遠. 爾時 衆中有菩薩摩訶
구 시 불 세 존 즉 입 삼 매 명 광 대 심 원 이 시 중 중 유 보 살 마 하

薩 名觀自在 行深般若波羅蜜多時 照見五蘊皆空 離諸苦厄.
살 명 관 자 재 행 심 반 야 바 라 밀 다 시 조 견 오 온 개 공 이 제 고 액

卽時 舍利弗承佛威力 合掌恭敬 白觀自在菩薩摩訶薩言 善
즉 시 사 리 불 승 불 위 력 합 장 공 경 백 관 자 재 보 살 마 하 살 언 선

男子 若有欲學甚深般若波羅蜜多行者 云何修行. 如是問已
남 자 약 유 욕 학 심 심 반 야 바 라 밀 다 행 자 운 하 수 행 여 시 문 이

爾時 觀自在菩薩摩訶薩 告具壽舍利弗言
이 시 관 자 재 보 살 마 하 살 고 구 수 사 리 불 언

舍利子 若善男子善女人 行甚深般若波羅蜜多行時 應觀五蘊
사 리 자 약 선 남 자 선 여 인 행 심 심 반 야 바 라 밀 다 행 시 응 관 오 온

性空. 舍利子 色不異空 空不異色 色卽是空 空卽是色 受想
성 공 사 리 자 색 불 이 공 공 불 이 색 색 즉 시 공 공 즉 시 색 수 상

行識 亦復如是. 舍利子 是諸法空相 不生不滅 不垢不淨 不
행 식 역 부 여 시 사 리 자 시 제 법 공 상 불 생 불 멸 불 구 부 정 부

增不減. 是故 空中無色 無受想行識 無眼耳鼻舌身意 無色
증 불 감 시 고 공 중 무 색 무 수 상 행 식 무 안 이 비 설 신 의 무 색

聲香味觸法　無眼界乃至無意識界　無無明　亦無無明盡　乃至
성 향 미 촉 법　무 안 계 내 지 무 의 식 계　무 무 명　역 무 무 명 진　내 지

無老死　亦無老死盡　無苦集滅道　無智亦無得.　以無所得故
무 노 사　역 무 노 사 진　무 고 집 멸 도　무 지 역 무 득　이 무 소 득 고

菩提薩埵　依般若波羅密多故　心無罣礙　無罣礙故　無有恐怖
보 리 살 타　의 반 야 바 라 밀 다 고　심 무 괘 애　무 괘 애 고　무 유 공 포

遠離顚倒夢想　究竟涅槃.　三世諸佛　依般若波羅密多故　得阿
원 리 전 도 몽 상　구 경 열 반　삼 세 제 불　의 반 야 바 라 밀 다 고　득 아

耨多羅三藐三菩提.　故知般若波羅蜜多　是大神呪　是大明呪
누 다 라 삼 먁 삼 보 리　고 지 반 야 바 라 밀 다　시 대 신 주　시 대 명 주

是無上呪　是無等等呪　能除一切苦　眞實不虛.　故說般若波羅
시 무 상 주　시 무 등 등 주　능 제 일 체 고　진 실 불 허　고 설 반 야 바 라

蜜多呪　卽說呪曰
밀 다 주　즉 설 주 왈

藐諦　藐諦　波羅藐諦　波羅僧藐諦　菩提娑婆訶
가 떼　가 떼　빠 라 가 떼　빠 라 상 가 떼　보 디 스 바 하

如是舍利弗　諸菩薩摩訶薩　於甚深般若波羅蜜多行　應如是行.
여 시 사 리 불　제 보 살 마 하 살　어 심 심 반 야 바 라 밀 다 행　응 여 시 행

如是說已　卽時世尊　從廣大甚深三摩地起　讚觀自在菩薩摩訶
여 시 설 이　즉 시 세 존　종 광 대 심 심 삼 마 디 기　찬 관 자 재 보 살 마 하

薩言　善哉善哉　善男子　如是如是　如汝所說　甚深般若波羅蜜
살 언　선 재 선 재　선 남 자　여 시 여 시　여 여 소 설　심 심 반 야 바 라 밀

多行　應如是行　如是行時　一切如來　皆悉隨喜.　爾時　世尊說
다 행　응 여 시 행　여 시 행 시　일 체 여 래　개 실 수 희　이 시　세 존 설

是語已　具壽舍利弗大喜充遍　觀自在菩薩摩訶薩　亦大歡喜.
시 어 이　구 수 사 리 불 대 희 충 변　관 자 재 보 살 마 하 살　역 대 환 희

時彼衆會　天人阿修羅乾闥婆等　聞佛所說　皆大歡喜　信受奉行.
시 피 중 회　천 인 아 수 라 건 달 바 등　문 불 소 설　개 대 환 희　신 수 봉 행

반야바라밀다심경

엄빈국 삼장법사 반야/이언 공역

　이와 같이 나는 들었다. 한때 부처님께서 왕사성 기사굴산 중에 큰 비구중 및 보살중과 함께 계셨다. 때에 부처님께서는 광대심원이라는 삼매에 드셨다. 그때 대중 가운데 관자재라는 이름의 보살마하살이 있어 깊은 반야바라밀다를 행하면서 오온은 모두 공함을 비추어 보고 모든 고액을 떠났다. 그때 사리불은 부처님의 위력을 받아 합장공경하고 관자재보살마하살에게 "만약 선남자가 매우 깊은 반야바라밀다를 행하기를 배우고자 한다면 어떻게 수행해야 합니까?"라고 말씀드렸다. 이와 같이 묻자, 그때 관자재보살마하살은 구수사리불에게 말하였다.

　사리자여! 만약 선남자선여인이 매우 깊은 반야바라밀다를 행할 때에는 마땅히 오온의 성품은 공하다고 보아야 하니라. 사리자여! 색은 공과 다르지 않고 공은 색과 다르지 않으며, 색이 곧 공이고 공이 곧 색이니라. 수상행식 또한 그와 같으니라. 사리자여! 이 모든 법의 공한 모습은 생기지도 않고 없어지지도 않으며, 더럽지도 않고 깨끗하지도 않으며, 불지도 않고 줄지도 않느니라. 그러므로 공 가운데에는 물질도 없고 느낌, 생각, 뜻함, 의식도 없으며, 눈, 귀, 코, 혀, 몸, 뜻도 없고, 물질, 소리, 냄새, 맛, 닿음, 법도 없으며, 눈으로 인식하는 경계도 없고 내지 마음으로 인식하는 경계도 없다. 무명도 없고 또한 무명이 다함도 없으며, 내지 늙음과 죽음도 없고 또한 늙음과 죽음이 다함도 없다. 괴로움, 괴로움의 모임, 괴로움의 사라짐, 괴로움이 사라지는 길도 없고, 지혜도 없고 얻을 것도 없다. 얻을 바가 없음으로써 보살이 반야바라밀다에 의지하기 때문에 마음에 장애가 없고, 장애가 없으므로 두려움이 없으며, 뒤집힌 헛생각을 멀리 떠나 마침내 열반에 이르느니라. 삼세제불이 반야바라밀다에 의지하는 까닭에 아누다라삼먁삼보리를 얻었느니라. 그러므로 알지니, 반야바라밀다는 큰 신비스런 주문이고, 크게 밝은 주문이며, 위없는 주문이고, 견줄 바 없는 주문이어서, 능히 모든 괴로움을 없애나니, 진실하고 허망하지 않느니라. 그러므로 반야바라밀다주를 설하노니, 곧 주에 이르되,

가떼 가떼 빠라가떼 빠라상가떼 보디스바하.

이와 같이 사리불이여! 여러 보살마하살은 매우 깊은 반야바라밀다를 행할 때에 마땅히 이와 같이 행하여야 하느니라.

이와 같이 설하여 마치자, 그때 세존께서는 광대하고 매우 깊은 삼매에서 일어나시어 관자재보살마하살을 찬탄하시어 말씀하셨다. "착하고 착하다. 선남자여! 그렇다, 그렇다. 그대 말대로 매우 깊은 반야바라밀다를 행함은 마땅히 그와 같이 행하여야 하니라. 그와 같이 행할 때에는 모든 여래는 모두 기뻐하느니라." 그때 세존께서 그와 같이 말씀하시자, 구수사리불은 크게 기뻐하였고, 관자재보살마하살 역시 크게 환희하였다.

때에 그 중회의 천인, 아수라, 건달바 등은 부처님의 말씀을 듣고 모두 크게 기뻐하며 믿고 받들어 행하였다.

글을 맺으며

　추석이 지나고 보니 그 요란을 떨던 매미 소리가 뚝 끊기고 이름 모를 풀벌레 소리가 그 자리를 메운다. 이 책의 원고를 집필하기 시작할 때만 해도 창 넘어 마로니에는 잎 하나 없이 헐벗은 채로 추위를 견디느라 안간힘을 쓰고 있을 때였다. 그러던 것이 봄이 무르익는 신록의 계절과 태양이 작열하는 삼복(三伏)을 지나 추석까지 넘겼으니, 이제 머지않아 나뭇잎들이 옷 색을 바꾸느라 부산할 것 같다. 그리고 보면 이 모든 현상이 딱히 있다고 할 것도 없고 그렇다고 아주 없는 것도 아니어서 모두 있다가도 없고 없다가도 있는 가운데 서로 의지하고 뒤엉켜 돌아가고 있는 것이니, 바뀌는 철을 아쉬워할 것도 없고, 덥다고 투덜댈 것도 아니다.

　나는 반야심경과는 각별한 인연이 있는 것 같다. 나이가 아직 20도 채 되기 전에 영문도 모른 채 길거리에서 우연(?)히 일본 다까가미(高神覺昇) 교수의 명저(名著) '반야심경 강의'를 덥석 빼든 것이라던가, 실크로드(silk-road) 거점의 한 곳으로 이슬람(Islam) 신도들이 모여 사는 사막도시 트루판의 복판에서 우연(?)히 죽간본(竹簡本) 반야심경이 눈에 띄어 손에 넣을 수 있었던 것은 적어도 내게는 분명히 예사로이 여겨지지 않는다. 어찌 되었든, 나는 반야심경에 매료(魅了)되어 결국 불교에 깊은 관심을 갖게 된 것은 숨길 수 없는 일이다. 그래서 언젠가는 반야심경을 좀 더 쉬우면서도 깊이 있게 이해할 수 있는 글로 풀어냄으로써 반야심경의 인연 공덕의 만분의 일이라도 보답하려고 생각하던 중, 더 늦기 전에 그 일을 마치려고 서둔 것이 이 꼴이 되었다. 호랑이를 그리려던 것이 온전한 고양이라도 그려졌기를 바라지만, 이것도 아니고 저것도 아닌 꼴로 끝난 것 같아 아쉽기 짝이 없다. 겉모습조차 제대로 갖추지 못한 것은 오로지 나의 무지와 부덕의 소치라고 밖에는 할 말이 없다. 제대로 그리지 못한 부분은 독자 여러분께서 발톱도 그리고 턱수염도 그려 넣어 늠름한 백호(白虎)로 만들어 간직해 주었으면 한다.

하기야 잘 그렸다고 해 보았자 어차피 환상(幻像)에 지나지 않지만, 환상일망정 잘 그렸으면 하는 것이 중생의 부질없는 욕심인 것을 어찌하겠는가? 스스로 더 다듬어 보려는 생각이 없던 것도 아니지만, 그것도 덧칠에 지나지 않을 바에는 차라리 손을 떼는 편이 나을 것 같다.

〈나모 샤캬무니불〉

찾아보기

ㅊ

법조인이 본
반야심경

2011년 03월 14일 초판 발행
2011년 05월 02일 초판 2쇄
2018년 11월 08일 증보판 발행

지은이   학산 이상규

발행인   이주현

발행처   도서출판 해조음

등 록   2002. 3. 15. 제 2-3500호
서울시 중구 필동3가 39-17 리엔리하우스 203호
전화 (02)2279-2343
전송 (02)2279-2406
메일 haejoum@naver.com

값 15,000 원

ISBN 978-89-91107-18-2 03320